Mamma Mia!

CB003139

MARIA FRANCISCO

Mamma Mia!

A VIDA DE NAIR BELLO

MATRIX

Diretor editorial
Paulo Tadeu

Projeto editorial
Piti Meinberg
Felipe Colbert

Foto da capa
Tiago Queiroz/Estadão Conteúdo

Capa
Layout baseado em arte de Marcelo Pallotta

Restauração de imagens
Kauê Luz – Grupo Luz

Revisão
Eliana Moura Mattos
Silvia Parollo

Realidade Aumentada desenvolvida pela MASSFAR!
Tel: (16) 3101-5446 | Site: www.massfar.com | E-mail: faleconosco@massfar.com

CIP-BRASIL - CATALOGAÇÃO NA PUBLICAÇÃO
SINDICATO NACIONAL DOS EDITORES DE LIVROS, RJ

Francisco, Maria
Mamma Mia! / Maria Francisco - 1. ed. - São Paulo: Matrix, 2018.
192 p. ; 23 cm.

ISBN 978-85-8230-501-0

I. Bello, Nair, 1931-2007. 2. Atrizes - Brasil - Biografia. I. Título.

18-52128
CDD: 791.45028092
CDU: 929:7.071.2(81)

Meri Gleice Rodrigues de Souza - Bibliotecária CRB-7/6439

As imagens com realidade aumentada estão nas páginas 44, 150, 159, 163, 167 e 186.

*Este livro foi feito com muito amor e carinho para homenagear
minha mãe Nair Bello, e é dedicado aos seus netos, Mariana, José, João,
Antonio, Carolina e Giuliana, para que conheçam a história de sua vida
e sintam o mesmo orgulho que eu sinto.*

Maria Francisco

Sumário

Capítulo 1

Ma che?

Foto: Carlos Emilio Bikic

"Você nunca me contou que era filha da Nair Bello!"

Ouvi essa frase de um amigo de longa data quando apresentei minha mãe para ele em um evento. Ele disse isso com alto grau de surpresa na voz. No mesmo instante minha mãe comentou, brincando: "Ela tem vergonha de dizer que é minha filha". Não era verdade; eu apenas achava que não pegava bem já ir falando para as pessoas que era filha de um dos ícones da televisão brasileira, Nair Bello. Mas ela, sempre rápida no gatilho, teve esta sacada: "Na próxima vez, você diz assim para seu amigo: 'Minha mãe te mandou um beijo'. A pessoa pergunta: 'Quem é sua mãe?'. Você responde: 'Nair Bello'".

Essa era minha mãe. Tinha um incrível senso de humor, ria de si mesma até nos momentos mais dramáticos. E nossa casa sempre foi muito alegre. Meu pai, Irineu Souza Francisco, trabalhava na área de publicidade e contava anedotas muito bem. Sabia as piadas do momento. Com certeza passou esse dom para meu irmão, Zé, um excelente contador de piadas.

Minhas maiores lembranças da infância são do Rio de Janeiro, para onde nos mudamos em 1963. Fomos morar na Avenida Atlântica, esquina com a Rua Miguel Lemos. Era um apartamento térreo, com vista para a avenida. Tínhamos o mar quase à nossa porta – ou melhor, janela, porque a porta de entrada do edifício ficava na rua transversal Miguel Lemos.

As janelas dos quartos eram de frente para o mar e para a famosa avenida, que, naquela época, tinha uma única pista. Quando a ressaca do mar chegava com os ventos fortes, a água entrava na garagem. Várias vezes socorremos pessoas que estavam na rua. Eu me recordo de uma senhora de idade, sentada num banco da calçada à beira-mar, que se machucou com a força das ondas que chegaram de surpresa. Minha mãe correu para socorrê-la e a trouxe para nossa casa. Também me lembro que ela pendurava uma toalha na janela, o sinal para que voltássemos da praia.

Meus pais, minha avó, meus irmãos e eu em frente
ao Pão de Açúcar, Rio de Janeiro, em 1963

Meus irmãos e eu tínhamos entre 6 e 8 anos quando nos mudamos para o Rio de Janeiro. Meu pai era recém-contratado da Norton Publicidade. Para minha mãe, que já vivia na ponte aérea alternando trabalhos tanto no programa *Grande show União*, da TV Record, em São Paulo, quanto no programa *O riso é o limite*, da TV Rio, no Rio de Janeiro, a mudança de cidade foi só um ajuste de agenda e de rotina, algo que trouxe muita alegria para toda a família.

O quadro *Epitáfio e Santinha*, interpretado pela dupla Nair Bello e Renato Corte Real, já era famoso nas duas cidades. Renato, autor desse programa semanal, interpretava o Epitáfio. Minha mãe fazia o papel da Santinha. Eles formavam um casal em que a mulher mandava no marido e até lhe dava umas tamancadas na cabeça.

Epitáfio e Santinha com Cyl Farney no *Grande show União* da TV Record, em 1961

Durante a minha infância e adolescência, muitos amigos da TV frequentavam nosso apartamento no Rio de Janeiro. Meus pais gostavam muito de receber as pessoas. Naquela época, a noite do Rio era muito animada e os dois saíam bastante. Quando minha mãe se arrumava para passear, sempre muito vaidosa e na moda, eu ficava olhando, extasiada.

Na TV Record, com meu pai, numa festa da emissora em 1960

Da época em que moramos em São Paulo, onde nasci, tenho vagas lembranças. Fiquei na cidade até os 6 anos de idade. Nossa casa ficava na Alameda Uapixana, em Indianópolis, zona sul, bem próximo da TV Record. Eu me lembro bastante da Sonia Ribeiro e do Blota Júnior. Eles eram os apresentadores mais célebres e queridos dos programas da emissora nas décadas de 1960 e 1970, e grandes amigos dos meus pais. Para se ter uma ideia da afinidade entre eles, Blota Júnior foi padrinho artístico de minha mãe, padrinho de casamento dos meus pais e padrinho de batismo da minha irmã, Ana Paula. Ele foi, entre muitos radialistas que formaram a primeira geração de apresentadores de televisão no Brasil, um dos mais bem-sucedidos animadores, como eram chamados na época. Ao seu lado, em vários programas, estava sua esposa, Sonia Ribeiro, mulher elegante e muito querida por minha mãe.

Blota Júnior e Sonia Ribeiro batizando minha irmã caçula, Ana Paula, 1967

Sonia e Blota foram apresentadores oficiais de vários programas que marcaram a história da televisão brasileira: o *Show do dia 7*, que ia ao ar todo dia 7 de cada mês, o Troféu Chico Viola, o Prêmio Molière, os festivais de MPB e o Troféu Roquette Pinto, uma lenda no quesito homenagens e considerado por muitos o *Oscar* brasileiro. Criado por Blota Júnior, o nome do troféu era uma referência ao "pai" da radiodifusão no Brasil, Edgar Roquette-Pinto. Começou com os destaques das rádios de São Paulo em 1950, e dois anos depois o troféu passou a ser entregue também aos profissionais da televisão brasileira.

Ao todo foram 26 edições revelando cantores, artistas, escritores, cineastas e jornalistas. Minha mãe ganhou o Troféu Roquette Pinto por três anos consecutivos (1961, 1962 e 1963). Levar para casa o "papagaio" era o auge do sucesso. O programa *Arquivo Record*, da TV Record, mostra, numa reportagem, a entrega do troféu.

Em 1970, Blota Júnior e Nair Bello

É inesquecível, para mim, a apresentação que Blota Júnior fez a meu respeito, numa das festas de entrega do Troféu Roquette Pinto: "Nair Bello, elegante como sempre, premiada como a melhor comediante do ano, tem três filhos com nomes originalíssimos: José, Manoel e Maria". Eu caí na gargalhada. (Nair Bello em *A Fala da Santa*, coluna do jornal *Notícias Populares*, 1982)

A Record vivia uma fase de ouro, com grande audiência e programas que marcaram a história da TV brasileira. Além do Blota Júnior e da Sonia Ribeiro, lembro-me bem da apresentadora Clarice Amaral, da cantora Neide Fraga e da atriz Neuza Amaral.

Neuza Amaral, Nair Bello e a grande comediante e atriz Maria Amélia no primeiro caminhão de externas da TV Record, 1953

Em 1951, celebrando o aniversário da rainha do rádio, Isaurinha Garcia, em seu apartamento em São Paulo. Na foto, Nair Bello, Neuza Amaral, Neide Fraga, Elza Laranjeira, Carmen Silva, Norah Fontes, entre outros convidados

Festa nos transmissores da Rádio São Paulo com Carmen Silva, Aurea Ribeiro, Nair Bello, Isaurinha Garcia e Sonia Ribeiro, 1951

Foi uma época linda do ambiente artístico brasileiro; a gente era unida, tinha um valor autêntico. Como não existia videoteipe, a propaganda na TV era ao vivo, pelas chamadas garotas-propaganda. O Canal 7 tinha o melhor time de todos. Lá estavam, além de Clarice Amaral, jovens como Rosa Maria, Idalina de Oliveira, Lucy Reis, Selmy Barbosa, Amelinha Seyssel, Darcy Carlota. Todas disputadas pelos anunciantes para o sucesso de sua publicidade. Naquela época eu morava perto da TV Record, no bairro Aeroporto; aos sábados, como a gente vivia num regime de dureza, Clarice e as outras amigas faziam uma lista para compras de comes e bebes e à noite todos iam para a minha casa, onde a gente ria e se divertia num ambiente amigo e sadio. (Nair Bello em *A Fala da Santa*, coluna do jornal *Notícias Populares*, 1982)

Clarice Amaral estava começando como garota-propaganda e logo se tornou apresentadora. Seu programa, *Clarice Amaral em desfile*, foi o primeiro da televisão brasileira voltado para as mulheres. Ficou mais de dez anos na TV Gazeta, em São Paulo, e chegou a ocupar uma tarde inteira.

Foi nessa época, no início dos anos 1960, que entrou em nossa casa uma pessoa muito especial, a Lu, ou Maria de Lourdes, nossa empregada e amiga fiel até o fim de sua vida. Lu ajudou minha mãe a nos criar. Era o braço direito dela. Era com ela que ficávamos quando minha mãe trabalhava ou viajava. Era a ela que minha mãe confiava os filhos e a casa. Dois anos depois de começar a trabalhar e morar conosco, Lu engravidou. Minha mãe apoiou a gravidez e ainda recebeu o bebê, que virou um membro da família. Lula, filho dela, foi "adotado" por nós. Chamava a Nair Bello de mãe, e a mãe dele, de Lu. Ele viveu conosco até os 20 anos, e Lu, apesar de não morar mais conosco, continuou trabalhando para ela até que, três meses depois da morte do meu pai, em 1999, ela teve um enfarte na casa da minha mãe e faleceu. Está enterrada no jazigo da nossa família.

Essa generosidade era uma grande qualidade da minha mãe. Estava sempre presente e pronta para ajudar os filhos, os amigos, parentes e até pessoas que nem conhecia, como quando eu tinha 9 anos e fomos visitar crianças de um orfanato. Ela também colaborava com o Retiro dos Artistas, uma instituição sediada em Jacarepaguá, no Rio de Janeiro, que acolhe artistas idosos que passam por dificuldades financeiras ou que são abandonados pela família e não têm onde morar. Outra recordação que tenho é dela me descrever sua participação no *Show beneficente da caravana dos artistas,* da TV Record, no Leprosário Santo Ângelo, em São Paulo, na década de 1960. Era um *show* com três horas de duração, e ela contou que fez questão de cumprimentar os doentes. Ela não acreditava que a doença fosse contagiosa. Depois, foi madrinha do setor de pediatria do Hospital do Coração, também em São Paulo, e estava presente em todas as festas comemorativas que o hospital fazia, como Festa Junina, Natal e Dia da Criança. Sempre levava com ela uma máquina fotográfica Polaroid, que revelava as fotos na hora. Tirava fotos com as crianças e as mães, autografava e dava para elas como lembrança. Eventos beneficentes, como *Teleton,* do SBT, e *Criança esperança,* da Globo, também contaram com sua presença.

Vaidosa, ia ao cabeleireiro e fazia as unhas todas as semanas. Seu cabelo estava sempre impecável. Tinha o costume de usar muito laquê, o que virou piada na coluna do Zé Simão, na *Folha de S.Paulo.* Depois de vê-la em um desfile de moda do estilista Reinaldo Lourenço, ele comentou: "Os cabelos da Costanza Pascolato (editora de moda) e da Nair Bello, pode rolar um furacão que não sai um fio fora do lugar".

Nair Bello não ia para a rua sem maquiagem. Dizia ser falta de respeito para com os fãs sair desarrumada, e que o artista tem a obrigação de se arrumar para quem gosta dele. Uma vez, ela e meu pai entraram num trem em Portugal e, certa de que não seria reconhecida, tirou os sapatos para ficar mais à vontade. Não deu outra: logo apareceu uma fã brasileira que não só a reconheceu como passou a elogiar seu trabalho e pediu um autógrafo. Sem graça e envergonhada, disfarçou e calçou os sapatos novamente.

Nair e seu penteado impecável. Foto: Petrônio

Quando não estava gravando, Nair descansava após o almoço. Adorava dormir à tarde. Por falar em gravação, ela sempre levou muito a sério a sua profissão, e decorar o texto previamente era um requisito importantíssimo. Quando mais nova, eu adorava decorar com ela, que tinha muita facilidade e não se conformava quando um ator aparecia no estúdio para gravar sem ter o texto decorado. Para ela, quando você chega pronto, colabora com toda a equipe e acaba gravando as cenas com mais rapidez e precisão.

Ela nunca ligou para joias, mas era apaixonada por roupas e sapatos.

Como era magra, as roupas lhe caíam com muita elegância. Só se sentia bem com sapatos de salto alto. Até o chinelo que usava em casa tinha um saltinho.

Pessoalmente, minha mãe era o oposto dos tipos que interpretava. No lugar das roupas e cabelos desleixados da Dona Santinha, sua mais famosa personagem, surgia uma mulher elegante e bem-vestida. Uma vez ela perguntou para minha avó Thereza, sua mãe, se gostava do papel que estava fazendo, a Santinha, ao que a *nonna* respondeu, na lata: "Acho que você deveria se vestir melhor, está muito mal arrumada". Claro que, em casa, gostava de ficar mais à vontade, com um *robe de chambre*. Em lugares públicos, muitos fãs até estranhavam e comentavam que ela era diferente "ao vivo", toda bem-vestida e maquiada.

> *A televisão, além de ser "a máquina de fazer doidos", como dizia o saudoso Sérgio Porto, tem também a faculdade de modificar as pessoas. Já não digo a modificação psicológica daqueles que ficam vaidosos, orgulhosos e pretensiosos pelo sucesso alcançado, mas também a modificação física. Muitos artistas, maquiados, produzidos, arrumados, enfim, para enfrentar as câmeras, às vezes surpreendem para melhor ou para pior quando são vistos pessoalmente. Comigo tem acontecido coisas dos dois tipos. Há alguns anos, entrei numa livraria e a balconista perguntou: "A senhora é a Nair Bello?". Diante da minha confirmação ela completou: "Puxa, a senhora é bem mais bonita na televisão". Em compensação, agora que eu faço a Dona Santa, na TV Bandeirantes, sem usar nenhuma maquiagem, fui recompensada. Outro dia uma mulher se aproximou e perguntou: "A senhora é a Nair Bello? A senhora é muito mais bonita pessoalmente do que na televisão".* (Nair Bello em *A Fala da Santa*, coluna do jornal *Notícias Populares*, 1982)

Durante um bom tempo ela só usava roupas da Vigotex, famosa marca de vestidos nas décadas de 1970 a 1990, de sua grande amiga Mikil Terpins. Depois que a Mikil morreu, ela conheceu uma estilista de quem ficou muito amiga, a Ornella Venturi. A partir daí passou a só usar roupas assinadas por Ornella. Nair foi apresentadora de vários desfiles da marca.

Eu e minha mãe, 1968

Como fez aula de corte e costura, Nair sempre gostou de roupa bem-feita. Orgulhava-se em dizer que, quando jovem, fizera alguns vestidos com a costureira da família Jafet, que morava no bairro do Ipiranga, zona sudeste da capital, e que, depois dos Matarazzo, era uma das famílias mais ricas de São Paulo. Quem comprava os tecidos franceses e a mimava fazendo todas as suas vontades era seu pai, o tenente José Bello, por quem Nair era apaixonada. Evitava falar sobre ele em público, já que não era casado legalmente com minha avó. Antigamente isso era considerado imoral. Minha avó se apaixonou perdidamente e fugiu com ele para morarem juntos. Logo em seguida, engravidou de minha mãe. Ele já era casado e tinha uma filha antes de conhecer minha avó. Seu pai teve mais um filho com uma terceira mulher (numa relação paralela), o que a *nonna* só descobriu no velório dele. A notícia foi dada pela irmã dela, Ernesta, que, quando viu minha avó chorando diante do caixão, falou: "Tá chorando por quê? Ele não merece. Tá vendo aquela ali? É a outra mulher dele e com quem teve um filho". Minha avó ficou tão magoada e furiosa que saiu do velório e nem foi à missa de sétimo dia.

Nair e o pai, José Bello, em 1934

Minha avó Thereza, chamada de *nonna* pelos netos e a quem meus pais e os amigos deles chamavam de *mamma*, era muito simples, ingênua e sem instrução, além de bastante sincera nas atitudes. Nunca teve muito jeito com crianças, mas adorava jogar baralho e nos ensinou logo cedo. Com 7 ou 8 anos, já fazíamos parte das mesas de jogo em casa. Meus irmãos e eu adorávamos enganá-la, inventando histórias, contando casos absurdos, porque ela acreditava em tudo. Dávamos muita risada. Ela ficava brava, mas depois achava graça.

Nossa família continua tendo senso de humor até hoje. Isso foi um grande legado que minha mãe nos deixou, pois ela sempre dizia: "A vida sem humor é sem graça".

TIA FILOMENA- MARISA- Vovó CAROLINA -NAIR- MAMA

Foto no Parque Balneário Vila Galvão, 1939

Em relação à *nonna*, minha mãe contava que, quando tinha 3 ou 4 anos, chorava muito, e minha avó, irritada, colocou-a no galinheiro, fechou a porta de cerca de arame e a deixou chorando um tempão. Não era maldade. Para se ter uma ideia, todo mês minha avó fazia minha mãe tomar uma colher de querosene para prevenir vermes.

De origem italiana, seus pais eram imigrantes. Vieram de Ferrara (região ao norte da Itália) para o Brasil por volta de 1900, para trabalhar na colheita de café na cidade de Itu, interior de São Paulo. Minha avó Thereza

A pequena Nair Bello, 1932

nasceu em 1907. Na década de 1920 a família mudou-se para São Paulo, no bairro do Cambuci.

Quando minha bisavó Carolina ficou viúva, passou a viver com minha avó e minha mãe até morrer. Nair tinha muito amor e admiração pela sua *nonna* Carolina, que sempre a protegeu. Uma pessoa simples, mas com um entendimento da vida que encantava minha mãe. Não foram poucas as vezes que ouvi dela: "A *nonna* fazia, a *nonna* dizia..."

Quando ganhou o primeiro Troféu Roquette Pinto como melhor comediante feminina ao lado de Renato Corte Real, em 1961, Nair Bello não cabia em si de tanta felicidade. Foi a glória! Como eu já disse, eles interpretavam o casal Epitáfio e Santinha no programa *O riso é o limite*, na TV Record. Ela chegou em casa toda feliz com o troféu e correu para mostrar para a mãe. A reação da *nonna* mostrou bem como era sua personalidade e seu jeito de ver a vida. Quando falou "*Mamma*, ganhei o Roquette Pinto!", minha avó respondeu com aquele sotaque italiano bem peculiar: "*Bella roba* (bela porcaria), vai comer?". A *nonna* tinha esse jeito franco de ser. E ela nunca aprovou a decisão de minha mãe de se tornar uma artista, mas desde pequena Nair Bello sonhava com isso. Gostava de dançar, de posar para fotos, de se exibir para a família.

Quando minha mãe começou a trabalhar em rádio, em 1949, minha avó ficou seis meses de cama. Não se conformava. Criou a filha para se casar e ter filhos, não para trabalhar. Nem estudar ela podia. Só terminou o primeiro grau e depois teve que fazer os cursos de corte e costura, bordado, pintura e datilografia. Trabalhar em rádio e ser artista era inaceitável, e nem passava pela cabeça da minha avó.

Eu era o que se convencionou chamar de moça prendada. Sabia bordar, costurar, mas sempre quis outra coisa. (Edição especial da revista *Boletim de Programação* da Rede Tupi, abril de 1978)

Naquela época, um artista era considerado um marginal. "Pensaram que eu fosse virar prostituta", ela contou em entrevista a Regina Penteado, do jornal *Folha da Tarde*, no *Caderno Show* de outubro de 1990. "Mas me surpreendi com o apoio do meu pai, que era militar".

José Bello era segundo-tenente e foi punido por Getúlio Vargas, com exílio no Paraguai por ter apoiado as revoluções de 1924 e 1932. Meu avô aceitou bem a decisão de Nair Bello trabalhar em rádio. Todos os dias ele a levava e a trazia do emprego. Ela tinha adoração pelo pai – e ele por ela. Em 1956, quando estava grávida de mim, ele faleceu.

As irmãs de minha avó eram muito divertidas. Com certeza o humor de minha mãe foi herdado delas. Ernesta, Filomena e Vitorina formavam um trio que era só alegria no dia a dia da família. Moravam no Ipiranga, todas num mesmo terreno, com várias casas. A tia Filomena tinha duas filhas, Mariza e Guiomar. Mariza sempre foi como uma irmã para minha mãe, uma grande amiga e companheira da vida toda.

Uma história engraçada aconteceu com elas no velório do marido de Mariza, e minha mãe sempre a contava. Quando se encontraram no banheiro, Nair olhou pra Mariza e perguntou: "O que aconteceu atrás das suas orelhas, que estão sangrando?". Mariza respondeu: "É que algumas pessoas, para me consolar, seguram a minha cabeça, apertam as orelhas e balançam, dizendo: 'Coitada de você, sinto muito'". Mesmo antes de Mariza terminar de falar, elas caíram na risada. Entrou uma pessoa no banheiro e, para disfarçar, elas se abraçaram. Tia Mariza fingia chorar e minha mãe falava bem alto: "Não chora, Mariza...". E as duas morrendo de rir, em pleno velório...

A prima Mariza e Nair Bello no carnaval de 1937

Como locutora da Rádio Record, 1950

Capítulo 2

Quando tudo começou

A minha atitude de fazer o teste na rádio, escondido de minha mãe, foi intuitiva. Acho que alguém lá de cima me disse: vai e vamos ver o que vai acontecer. Segui minha intuição e deu certo. (Revista *Divina Fase*, 1994)

Desde os 8 anos, Nair Bello queria ser artista. Imaginava que ser "estrela" era descer uma escada enorme, vestindo um maiô brilhante e muito justo, como as misses. Não conseguiu fazer isso, mas o destino lhe reservava outro tipo de estrelato, o do humor e da alegria.

Sua vida artística começou aos 19 anos. Sem contar para a mãe, fez um teste na Rádio Excelsior e foi aprovada. O trauma na família, principalmente por parte da *nonna*, como já contei, foi enorme, mas ela se manteve firme em seu propósito. Começou como garota-propaganda nos comerciais da Excelsior e logo passou a interpretar personagens nas radionovelas.

As rádios, com suas novelas, noticiários e programas de auditório, explodiam em audiência por todo o país. Nomes como Silvio Santos,

Ronald Golias, Hebe Camargo, Adoniran Barbosa, Manuel de Nóbrega, Wálter Forster e tantos outros surgiram naquela época. A televisão só chegaria ao Brasil um ano depois, em 1950.

Nair Bello no início da carreira, em 1950

A carreira na Rádio Excelsior foi curta, mas auspiciosa. Durante seis meses Nair trabalhou sem receber salário, até que foi expulsa por, digamos, "mau comportamento". Ela sempre contava essa história nas entrevistas, porque foi assim que descobriu que era comediante:

> *Comecei como atriz dramática no radioteatro de Manoel Durães. Ia tudo bem, até que dei de olho com o contrarregra tentando imitar um cavalo trotando. Ele segurava duas cuias de coco, uma em cada mão, e batia com elas no peito. Parecia um louco. Não aguentei, caí na gargalhada e, para*

meu azar, o dr. Paulo Machado de Carvalho, dono da emissora, estava ouvindo a rádio. A ordem veio rapidamente: "Tirem essa louca daí". Fui expulsa. Aí, fui fazer locução na Rádio Record. E, como eu ria muito, Blota Júnior achou que eu poderia ser comediante. Deu certo. (Jornal *Folha da Tarde*, 30 de outubro de 1980)

Nair Bello em clima dos anos 70

Depois do episódio, a convite de Osmano Cardoso, ator, redator e autor das radionovelas de maior sucesso nas décadas de 1940 e 1950, Nair entrou para o time dos artistas da Rádio Record em 1949. No ano seguinte, além da rádio, fez sua estreia no cinema, participando de dois filmes: *Liana, a pecadora*, de Antonio Tibiriçá, contracenando com Hebe Camargo e Márcia Real, e *Simão, o caolho*, rodado em 1952, dirigido por Alberto Cavalcanti e produzido pela Companhia Cinematográfica Maristela, no qual contracenou com Mesquitinha. Nair fazia o papel de uma vendedora de cigarros nas salas de cinema. Enquanto *Liana, a pecadora* era considerado por ela em várias entrevistas como um dos piores filmes em que atuou, *Simão, o caolho* foi vencedor de dois significativos prêmios de melhor direção: o Prêmio Saci, criado em 1951 pelo jornal *O Estado de S. Paulo*, concedido anualmente aos melhores da produção brasileira de cinema e teatro, e o prêmio da Associação Brasileira de Cronistas Cinematográficos.

Nair Bello recebendo amigos em sua residência, em São Paulo, 1952

Mas a história de Nair Bello na Rádio Record não foi só de louros. Um pouco depois de começar a trabalhar, em 1950, Otávio Marlet, que a havia admitido, conversando com Raul Duarte, disse: "Essa menina vai longe", ao que Raul retrucou: "Vai, sim. Vai até o Ipiranga, onde ela mora".

Pois é, eu fui além do Ipiranga, eu recebi outro dia a Ordem do Mérito do Ipiranga. Acreditem, após ter sido premiada várias vezes em minha carreira profissional, participar da solenidade no Palácio dos Bandeirantes, em São Paulo, foi uma das maiores emoções de minha vida. (Nair Bello em *A Fala da Santa*, coluna do jornal *Notícias Populares*, 1982)

Contracenando com Antonio Sorrentino no filme *Liana, a pecadora*, 1952

O ator Mesquitinha e Nair Bello em cena do
filme *Simão, o caolho*, de 1952

Nem todos os convites foram tão gloriosos, como o caso que minha mãe relatou certa vez:

Lembro-me que quando comecei a trabalhar na Rádio Record, em 1952, vinda de uma família de classe média do Ipiranga, andava muito assustada pelos corredores da rádio, porque ouvira falar tanta coisa sobre o meio artístico que tinha autêntico pavor de ser agarrada de repente, sem ter meios para me defender. Um dia, um falecido diretor da empresa, homem vivido e frequentador da sociedade, encontrando-me no corredor da rádio, fez-me um convite assim, à queima-roupa: "Quer passar o fim de semana comigo em Miami?". Foi tamanho o susto, pois, de Miami, eu só ouvira falar nos filmes que eu assistia naquela época. Como, sem mais nem menos, alguém me convida para um fim de semana logo lá? A cabeça ficou dando voltas e a única resposta razoável que soube dar foi: "Imagina. Minha mãe não vai deixar". Mas o homem insistiu: "Você diz que vai dormir na casa de uma amiga". Depressa, respondi: "Mas eu nunca dormi em casa de amiga. Minha mãe não deixa...". Olhando-me bem, o cidadão deve ter concluído que, apesar da moça ser bonita, aquela parada era meio indigesta para seus planos. (Nair Bello em *A Fala da Santa*, coluna do jornal *Notícias Populares*, 1982)

Mas foi também na Rádio Record que conheceu as pessoas que a acompanhariam por toda a vida: Lolita Rodrigues, Hebe Camargo e o futuro marido, Irineu Souza Francisco.

Lolita Rodrigues era uma das grandes estrelas de rádio. Filha de espanhóis, tinha uma cultura e uma graça que minha mãe admirava. Hebe Camargo já atuava ao lado de minha mãe e eram amigas. Mas era a cantora Lolita quem mais encantava a Nair no início de sua carreira. Quando a rádio lançou o concurso Miss Objetiva (1951), organizado por Airton Rodrigues – futuro marido da Lolita –, minha mãe, Lolita e Hebe se inscreveram. Nenhuma das três ganhou. Hebe ficou em segundo lugar, mas ali começou uma amizade que uniu as três até o fim da vida. Sempre foram muito próximas. Lolita e minha mãe se falavam quase todos os dias. Conversavam tanto no telefone, que chegaram a contar 18 vezes num mesmo dia. Quando minha mãe foi para a Globo, em 1980, elas atuaram juntas em quase todas as novelas de Carlos Lombardi. Ser atriz era o sonho de Lolita que minha mãe ajudou a concretizar; Lolita sempre foi uma grande apresentadora ao lado de seu marido, Airton Rodrigues, no programa *Almoço com as estrelas*. "A Nair era uma amiga muito dedicada", comentou Lolita recentemente comigo.

Com Hebe, sua relação era de uma empatia e de uma alegria sem igual. Sempre de bem com a vida, elas não podiam olhar uma para a outra sem cair na gargalhada, mesmo nas mais sérias confidências. As duas tinham acessos de riso constantes e por qualquer besteira.

Minha mãe contava que, certa vez, quase acabaram com a festa de Bodas de Prata de Lolita e Airton quando, na Igreja Nossa Senhora de Fátima, em São Paulo, uma freira pediu que elas subissem ao altar para ler o salmo. "Foi tanta risada que o Francisco Petrônio teve que vir até nós e quebrar nosso galho."

Um dos momentos mais marcantes da história das três amigas foi uma entrevista que deram no programa do Jô Soares. Esse vídeo correu as redes sociais. Em certo momento, Jô comenta com elas:

"Puxa, vocês estão muito em forma". E minha mãe completa: "Ah, é porque você não viu a gente pelada!"

Nair Bello, Lolita Rodrigues e Hebe Camargo no *Programa do Jô*, em 2000

Também foi na rádio que minha mãe conheceu meu pai. Ele era repórter político e comentarista esportivo da Record. Foi Blota Júnior quem os apresentou. Quando meu pai entrou para a rádio, Blota quis fazer uma foto dele para divulgação e chamou minha mãe para posar ao seu lado. A foto foi publicada no jornal *O Tabloide* com a seguinte legenda: "Nair Bello abre as portas da Rádio Record para o mais novo contratado: Souza Francisco".

Aquela bonita jovem que tão simpaticamente o recebeu tornou-se sua melhor amiga e, em pouco mais de um ano, sua esposa. Foi amor à primeira vista. Namoraram e casaram depois de um ano e oito meses.

Com Irineu Souza Francisco, *Revista do Rádio*, 1958

Festa na Rádio Record, 1952

Nair Bello com a mãe, 1953

Nair Bello em Santos, 1954

Nair e Irineu em
São Paulo, 1958

Capítulo 3

Formando a família

Logo depois de casados, Nair e Irineu se mudaram para a cidade de Santos (SP). Com o convite recebido por meu pai para dirigir a Rádio Cultura de São Vicente, os dois deixaram a Rádio Record. Minha mãe atuava como locutora e garota-propaganda num programa de variedades chamado *Maior*. Em Santos, nasceram meu irmão José Bello Souza Francisco, em 11 de outubro de 1954, e, exatamente um ano depois, no dia 11 de outubro de 1955, meu segundo irmão, Manoel Francisco Neto.

Numa entrevista para a *Revista do Rádio*, de 8 de agosto de 1964, quando perguntaram sobre o momento mais emocionante da sua vida, Nair respondeu: "É até covardia perguntar isso a uma mãe. Claro que ter um filho é a coisa mais sublime e mais trágica na vida de uma mulher. Tenho três filhos, mas a emoção do nascimento do primeiro é indescritível. Nunca poderei esquecer aquele dia 11 de outubro de 1954, um ano depois do meu casamento". E ela ainda revela o trauma que teve na primeira gravidez. "Quando eu era mocinha, uma cigana leu minha mão e disse que eu não deveria me casar porque meu primeiro filho seria aleijado. Eu tive muito medo durante a gravidez que isso acontecesse". Ainda bem que tudo não passou de uma história inventada pela cigana. O primeiro filho nasceu saudável, sem nenhum problema.

Como Irineu era jornalista, locutor e repórter esportivo, eles conviviam no mesmo meio e ele sempre apoiou e participou ativamente dos trabalhos da esposa Nair. Porém, ela não podia beijar ninguém na boca. Era a única coisa que Irineu não aceitava. Não era machismo, era ciúme mesmo. Caso contrário, não a teria apoiado em todos os papéis.

Nair cumpriu a promessa com respeito e amor até o fim da vida. "Minha sorte é que sou comediante e beijo não faz muita falta", dizia. Eles também eram muito conservadores. Nair fazia questão de declarar nas entrevistas que tinha casado virgem e que só "conhecia" um homem, meu pai. Ela sempre teve orgulho de ele ter sido o único homem da sua vida. Era costume da época, assim como o romantismo. No Dia dos Namorados, ele nunca deixou de presenteá-la com flores.

Em pé: Clarice Amaral, Rosa, Neuza Amaral, Lucy Reis e Léa Camargo.
Sentados: Idalina de Oliveira, Nair Bello e Irineu Francisco. Carnaval de 1958

Meus pais moraram por dois anos em Santos. Em 1956, meu pai foi contratado como repórter político da Rádio Bandeirantes, e eles voltaram para São Paulo. Em 20 de dezembro de 1956 eu nasci, e, como promessa para Nossa Senhora Aparecida (se fosse menina), me chamaram de Maria Aparecida Souza Francisco. Nair só voltaria a trabalhar no ano seguinte, quando os dois retornaram para a Rádio Record.

A TV Tupi, emissora paulista que inaugurou a televisão brasileira em 1950, pertencia aos Diários Associados, de Assis Chateaubriand, e deflagrava uma revolução sem volta nos meios de comunicação, ganhando cada vez mais audiência e espaço nos lares brasileiros. Em 1951, entrou no ar a TV Tupi Rio de Janeiro. Em 1955, foi inaugurada a TV Rio, aliada à TV Record.

Contracenando com J. Gianotti, TV Record, 1954

Atuando no
Teleteatro Record,
São Paulo, 1957

Quando voltaram para a capital, as três emissoras de TV de São Paulo – TV Tupi, TV Record e TV Paulista – estavam, pela primeira vez, faturando mais que suas respectivas emissoras de rádio. No Rio de Janeiro, a TV Rio também se destacava. Na primeira fase, de 1955 a 1965, a TV Rio tinha uma programação própria, mas trocava produções com a TV Record de São Paulo, da família Machado de Carvalho – João Batista "Pipa" do Amaral, fundador da TV Rio, era cunhado de Paulo Machado de Carvalho.

O Brasil possuía cerca de 150 mil aparelhos de televisão e uma audiência de quase 2 milhões de telespectadores. Os profissionais eram todos do rádio: técnicos, diretores, locutores, atores. Em 1957 foi montado um *link* entre a TV Rio e a TV Record. Vários programas eram exibidos nas duas praças, Rio de Janeiro e São Paulo.

Foi nesse ambiente e momento histórico para os meios de comunicação no Brasil que minha mãe começou sua carreira na televisão.

> **Foi ao lado de Pagano Sobrinho, na TV Record, que fiz minhas primeiras atuações como atriz caricata.** (Jornal *A Noite*, 3 de abril de 1964)

Nair Bello, Pagano Sobrinho e Valery Martins no *Grande show União*, 1959

Nair Bello em 1966

Capítulo 4

Nasce a Santinha

Sendo descendente de italianos e convivendo com a família no bairro do Ipiranga desde os 14 anos, Nair Bello falava com sotaque bem carregado, "italianado", com muitos desvios da norma-padrão do português. Seu amigo Blota Júnior, inclusive, a corrigia sempre. Ela usava muito as mãos para se expressar. Essas características, esse jeito de ser e de se comportar, marcaram para sempre a trajetória artística dela.

Blota Júnior, aliás, adorava contar nas entrevistas uma passagem que quase virou lenda: quando ainda era solteira e estava começando na rádio, Nair foi a um piquenique dos funcionários da Record acompanhada de minha avó. Assim que desceram do ônibus, Nair falou para a *nonna* com aquele sotaque peculiar: "*Mamma*, pega a *cistinha* (cestinha)", e todos começaram a rir da maneira como ela havia falado, inclusive ela, que sempre ria dos outros, com os outros e de si mesma.

Sua primeira e mais marcante personagem, uma italiana imigrante, típica de São Paulo, nasceu ao lado de Pagano Sobrinho quando formavam um casal dono de uma tinturaria. O quadro fazia parte do programa *Grande show União*, da TV Record, e foi um dos maiores sucessos da televisão nos anos 1960. Essa personagem logo se transformaria em Dona Santinha, da dupla Epitáfio e Santinha, numa criação, agora, de Renato Corte Real. voz grave e rouca com forte sotaque italiano, que sempre foi seu problema na rádio, tornou-se seu maior predicado na televisão.

Com Pagano Sobrinho no *Grande show União*, 1960

Atuando no Teleteatro Record, São Paulo, 1959

Naquela época, as empresas patrocinadoras tinham muita ingerência na programação das emissoras, tanto na rádio quanto na TV. Era comum colocarem o nome da empresa no nome do programa. *Grande show União* era patrocinado pela indústria de açúcar União. Quando Renato Corte Real foi chamado para escrever e interpretar um quadro humorístico para o programa, escolheu Nair Bello como parceira. Começava aí a longa e bem-sucedida trajetória da personagem Santinha.

"Renato me pegou emprestada de outro quadro que fazia com Pagano Sobrinho no *Grande show União* e acabamos ficando juntos". O casal Epitáfio e Santinha teve como inspiração a história em quadrinhos Pafúncio e Marocas (em inglês, *Maggie and Jiggs*, da publicação *Bringing Up Father*, criada por George McManus), muito famosa na época. Desde então, Santinha, a dona da pensão, já usava seu tamanco para bater no Epitáfio, bordão que se tornou uma das características da personagem. Renato contava que, quando escrevia os textos, não punha na marcação "dar uma tamancada". Escrevia: "Santinha, bater devagarinho" – ele já tinha vários galos na cabeça. Num episódio, fez da Santinha uma moribunda... queria salvaguardar o seu crânio pelo menos uma semana. Era comum durante sua carreira vê-la como a mãezona italiana, sem papas na língua, pronta para distribuir chineladas e armar confusão.

Em 1959, fui convidada por Renato Corte Real, que fazia o Epitáfio, e aceitei desempenhar o papel de uma italiana muito "grossa" que, sem motivo, espancava o marido dentro de um humorismo engraçado e sadio. Ficamos em cartaz por quatro anos na TV Record.

Embora fosse uma grande fã da atriz italiana Anna Magnani (1908-1973), que interpretava uma viúva siciliana moradora de um bairro de descendentes italianos nos Estados Unidos, sendo a primeira estrangeira a ganhar o Oscar de melhor atriz em 1956, Nair se inspirou em dois grandes humoristas brasileiros, Maria Amélia e Nhô Totico, para criar a Santinha.

> *Em 1952, existia uma grande comediante, Maria Amélia, que criou a italiana. Foi nela que eu me baseei, porque todo artista parte de alguma coisa. Ela fez muito sucesso, hoje ninguém se lembra.* (Revista *Divina Fase, Ano I*)

Maria Amélia foi uma das artistas mais completas da época: atriz, humorista e cantora. Ao lado de Adoniran Barbosa, formava o casal Zé Conversa e Catarina, na Rádio Record. Foi a primeira atriz a interpretar uma italiana na rádio, e minha mãe a primeira a interpretar uma italiana na televisão. Mas a grande inspiração para criar Dona Santinha veio de uma personagem do programa de Nhô Totico, um radialista excepcional, um gênio, que sozinho interpretava, de improviso, num programa de rádio ao vivo, todos os personagens da *Escolinha da Dona Olinda*. Foi Nhô Totico quem inventou o gênero "escolinha" como programa de humor, isso nas décadas de 1940 e 1950. Ele fazia a professora, os alunos e o bedel. Cada aluno representava uma colônia dos imigrantes estrangeiros; entre eles havia uma italianinha de nome Curupita. A série *Dois diretores em cena – histórias da televisão brasileira*, produzida pela rádio Jovem Pan, com Tuta e Nilton Travesso, reproduz trechos da lendária *Escolinha da Dona Olinda*.

Voltando à personagem *Santinha*, o quadro com Renato Corte Real estava entre os preferidos dos telespectadores. Todas as quartas-feiras, às 20h, na TV Record, era dia de ver a Santinha descer o tamanco no coitado do Epitáfio, no programa *Grande show União*. E, de tão famosa, a personagem ganhou até uma marchinha de carnaval e uma paródia criada por meu pai da música "Lacinhos cor-de-rosa". Essa música foi grande sucesso na voz de Celly Campello. Minha mãe não chegou a gravar a versão, mas cantou em alguns programas da TV Record e nas rádios. Foi convidada para gravá-la pelo selo Toda América, mas isso acabou não acontecendo.

A letra era mais ou menos assim:

Uma polenta eu vou, com molho de linguiça enfeitar...

Na fábrica eu vou, levar para ele comer na hora de forgarrr... (sotaque italianado)

Foi graças a atrações como *Grande show União* e seus vários esquetes que a TV Record dominou o primeiro lugar de audiência no início da década de 1960, chegando a atingir, em São Paulo, 44% dos lares que possuíam televisão. (Jornal *Gazeta Esportiva*, 17 de abril de 1960)

Nair Bello recebendo o Troféu Roquette Pinto das mãos de Márcia de Windsor, 1961

O sucesso do trabalho de Nair Bello como Santinha ao lado de Renato Corte Real também pode ser medido pela quantidade de prêmios que receberam: entre 1960 e 1963, foram três troféus Roquette Pinto na categoria Melhor Humorista Brasileiro. (Revista *Gente*, setembro de 1987)

Posando com o Troféu Roquette Pinto, 1961

Nessa época, a ponte aérea já fazia parte da rotina de Nair. Em 1961, o quadro *Epitáfio e Santinha* estreou no programa *O riso é o limite*, na TV Rio. Uma vez por semana, ela e Renato Corte Real iam para o Rio de Janeiro interpretar a famosa dupla de comediantes, que logo alcançou grandes índices de audiência.

> ***Nair Bello e Renato Corte Real também armaram sua árvore de Natal no auditório Posto 6. Como a seriedade do momento não comportava brigas nem discussões, Santinha e Epitáfio trocaram presentes e selaram um pacto de paz que deverá durar até o próximo programa.*** (Revista *TV Repórter*, 25 de dezembro de 1961)

az Para
antinha e
pitáfio

Matéria sobre Nair Bello e Renato Corte Real, 1961
Revista *TV Repórter*

Nair Belo e Renato Côrte Real também maram sua árvore de Natal no Pôsto 6. Como seriedade do momento não comportava brigas n discussões, Santinha e Epitáfio trocaram presen e selaram um pacto de paz que deverá durar até o próximo programa. Junto a árvore que está todos os lares lembrando o nascimento do Menl Jesus, os dois populares comediantes rogaram Altíssimo um mundo cheio de paz e de compreesão. E que as alegrias de 61 sejam tôdas repeti

Estreou na TV Rio o novo programa humorístico *O riso é o limite*, uma produção de Péricles Amaral, com direção e ensaios de Wilton Franco e texto de Aloísio Silva Araújo. "Um verdadeiro *scratch* de comediantes foi posto a desfilar no palco do Canal 13 – e, diga-se de passagem, o auditório Posto 6 jamais teve tão grande assistência." (Revista *TV Repórter*, 16 de janeiro de 1961)

"O Riso é o Limite" Estreou Sensacionalmente na TV-Rio

Três paulistas no fabuloso "show": Nair Belo e Renato Côrte Real, que estrearam com enorme sucesso, e Moacir Franco, sempre brilhante

Destaque sobre o programa *O riso é o limite*, da TV Rio, 1962

Dividindo-se entre São Paulo e Rio de Janeiro, mas ainda morando em São Paulo, Nair também fez cinema, participando do filme *Os apavorados* (1962), uma comédia da Atlântida Cinematográfica, ao lado de um dos mais populares cômicos da época, Oscarito, e também Vagareza. Ficou um mês morando no Rio. Ia para São Paulo somente às quartas-feiras para gravar o quadro *Epitáfio e Santinha*, do *Grande show União*.

A decisão de aceitar fazer o filme e de ficar longe de casa voltando uma vez por semana não foi fácil. Ela ficou muito apreensiva, não queria deixar filhos e marido por tanto tempo. Contudo, meu pai sempre a apoiou, e nós também tínhamos a Lu para dar conta do recado nas tarefas da casa.

O lar não prejudica o nosso trabalho. Este é que transforma aquele. (Jornal *Gazeta Esportiva*, 1961)

Em 1961, na TV Record

Nair Bello e Nicete Bruno na revista *TV Repórter*, 1962

NB DA CERTO EM TV

São três as NB da TV: Norma Blum, Nair Belo e Nicete Bruno. Curiosa coincidência de iniciais, de talento e de vocação. Duas delas ilustram nossa página. As duas da TV Rio. Nair Belo a "Santinha" do "Epitafio", comediante em evidência, figura que se tornou "um riso" dentro das emissões semanais da TV do Posto 6. Nicete permaneceu meio ausente. Problemas c'gonha... É a esposa de P. lo Goulart, a "Dona Jandi do quadro que Ghiaroni esc via semanalmente para a Continental. Durante me protagonizou longa série de leteatros do Canal 9: "Tea de Ontem", "Teleteatro quartas", "TV de Aventur e "Teledrama Continenta Sua volta é uma exigência bom-gôsto e da arte.

Recebendo o terceiro Troféu Roquette Pinto, 1962

Além do humorístico semanal, ela participava de programas especiais, como uma sátira de *Madame Butterfly*, ópera de Giacomo Puccini, baseada no drama de um tenente que se apaixona por uma gueixa, papel representado por ela. A comédia foi exibida pela TV Record em 1961.

Em 1964 chega ao fim o programa *O riso é o limite*, e o casal Epitáfio e Santinha passou a ser exibido no humorístico *Noites cariocas*, também produzido pela TV Rio e exibido em São Paulo pela TV Record. Nessa época, a emissora tinha em seu elenco nomes famosos, como Consuelo Leandro, Virgínia Lane, Dercy Gonçalves, Ronald Golias, Carlos Alberto de Nóbrega, Jô Soares, Chico Anysio, entre outros. A personagem Santinha era tão marcante e conhecida que, quando morávamos no Rio, durante muito tempo os amigos do meu irmão mais velho, Zé Bello, o chamavam de "Santinho", identificando-o como filho da personagem.

Ainda na TV Record, Nair interpretou a personagem cômica Viscondessa de Monte Vexame, papel que ela considerava marcante em sua carreira. No mesmo ano, participou da novela *O desconhecido*, de Nelson Rodrigues, com direção de Sérgio Britto e Fernando Torres, produzida pela TV Rio e também exibida pela TV Record (*Revista do Rádio*, 8 de agosto de 1964).

Em 1965, com os militares no poder e a censura a cada dia mais pesada nos meios de comunicação, os programas humorísticos perderam espaço nas emissoras de TV, e os artistas contratados das TVs Rio e Record passaram a atuar em outros programas. Minha mãe, por exemplo, chegou até a apresentar uma sátira de telejornal, que se chamava *Minijornal*, ao lado do apresentador Cid Moreira. Ele narrava a notícia seriamente, e ela fazia piada em cima dos fatos.

Apresentadora do *Minijornal*, ao lado de Cid Moreira, TV Excelsior, 1966

Dois dias antes do décimo quarto aniversário de casamento dos meus pais e 11 anos depois do meu nascimento, no dia 6 de novembro de 1967, no Rio de Janeiro, nasceu minha irmã Ana Paula Souza Francisco. Minha mãe se afastou da TV até 1970 e se dedicou integralmente à família.

Ana Paula e Nair Bello, Rio de Janeiro, 1972

Matéria na *Revista do Rádio* com foto da família, 1966

Integrando a equipe Luluzinhas, 1966

Bowling PAX

Luluzinhas

Capítulo 5

Vícios e virtudes

"Sou mãe italiana mesmo, quero saber de tudo e de todos. Sofro demais. Sempre falo para os filhos: vocês querem que eu morra?"

Nair dizia essa frase num tom bem teatral. Apesar da braveza *à la italiana*, ela era uma pessoa divertida, que sempre deu muita risada. Até da própria sorte fazia piada.

Nair Bello sempre gostou de disputas. Quando morávamos no Rio de Janeiro e ela trabalhava na TV Rio, fazia parte de um grupo chamado *Luluzinhas*. Elas eram apaixonadas por boliche. Mais tarde, passou a preferir tranca, bingo e videopôquer.

A adoração dela por jogos de azar provavelmente é genética. Meu avô tinha um cassino clandestino no Edifício Martinelli, no centro de São Paulo, e acho que, por isso, ela sempre gostou e frequentou casas de jogos. Minha mãe e as tias dela sempre jogavam buraco e mexe-mexe, o que fez todos nós, filhos e netos, aprender esses jogos muito cedo. Quando éramos crianças e fomos para a Disneylândia, na Califórnia, Nair deu um jeito de escapulir até Las Vegas para conhecer e jogar nos cassinos. Outra coisa de que gostava muito eram as palavras cruzadas. Quando a palavra a ser descoberta era o nome dela, ficava superorgulhosa. Por exemplo: Qual o nome de uma atriz comediante que interpreta uma italiana? Resposta: Nair Bello. De jogo de futebol não entendia nada, mas era apaixonada pelo Palmeiras, ou "Parmera", como ela falava, enquanto meu pai era são-paulino fanático.

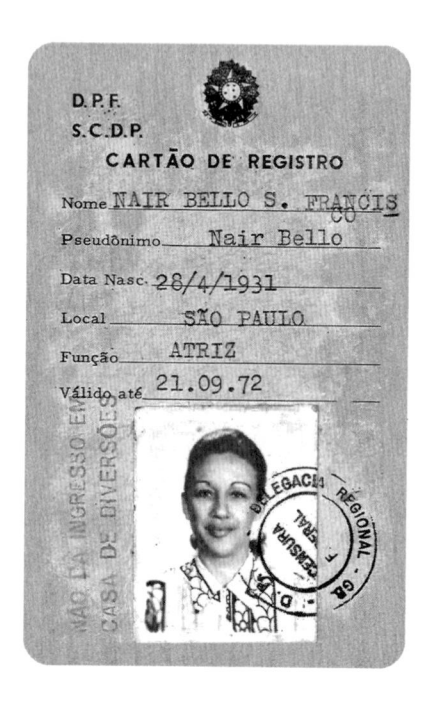

Registro de atriz emitido em 1971

Certa vez, ela apareceu na capa da página policial de um jornal. Foi em São Paulo, no Pacaembu, quando estava numa casa de jogos clandestinos. Através de uma denúncia, a Polícia Federal entrou no local e encontrou várias máquinas de videopôquer. Logo a imprensa apareceu. Quando meu pai foi buscá-la, ela não teve como evitar o assédio dos jornalistas. Mas, no final, tudo foi explicado e, como sempre, acabou virando piada.

Ainda bem que eu só tinha 59 anos. Se eu já tivesse feito 60, ia sair impresso assim: "Sexagenária presa jogando bingo". E o pior é que eu detesto a palavra sexagenária. Sinto-me aos 60 como se tivesse 30, mas, quando me olho no espelho, constato que envelheci. É uma indignidade envelhecer, mas ainda não pensei em fazer plástica. (Jornal *Folha de S.Paulo*, 1992)

E Nair Bello nunca fez plástica.

No fim de sua vida, gostava de jogar paciência e ler os jornais no computador. Aliás, as únicas coisas que ela fazia no computador. Não era chegada à tecnologia nem acompanhava as redes sociais que, na época, se resumiam ao Orkut. Também não poderia imaginar que um perfil falso criado em seu nome por um fã ficasse, por um bom tempo, nas listas dos melhores *twitters* para seguir. Em 2009, por brincadeira, o publicitário Gustavo Braun criou a personagem *fake* da Nair Bello. Um dia, zapeando a TV, vi uma reportagem sobre uma feira digital e ele estava sendo entrevistado. Quando o repórter perguntou se tinha autorização da família para utilizar o nome e a imagem da Nair Bello numa conta do Twitter, ele respondeu: "Eles nunca falaram nada, acho que consideram uma homenagem". O melhor é que o perfil *fake* da Nair Bello interage com o perfil *fake* da Hebe Camargo, criando situações surreais. Gustavo conta que muitas portas se abriram profissionalmente para ele depois que criou o @nairbello.

Além do gosto pelos jogos, Nair Bello era bastante supersticiosa. Em todos os *sets* de gravação procurava um prego para colocar dentro do sutiã. Dizia que era para dar sorte. Depois que descobriu que o Pavarotti também guardava um prego no bolso quando cantava, ela ficou mais à vontade em comentar sobre o assunto. "Agora ninguém mais vai achar que eu sou louca."

Nair adorava e abusava de roupas coloridas. A cor vermelha estava sempre nas unhas e na boca. Foi enterrada com um *tailleur* também vermelho. Agora, quanto à cor marrom, ela detestava. Dizia que tinha sido influenciada pelo cantor Roberto Carlos, para quem a repulsa pelo marrom chegou a ser extrema.

Em época de *réveillon*, ela tinha uma série de receitas contra o azar: comer lentilha, guardar as sete sementes de romã na carteira para trazer dinheiro, colocar uma nota de um dólar no sapato e outra na carteira, pular com o pé direito na entrada do novo ano...

> *A minha passagem de* réveillon *dá um trabalho danado; eu fico preocupada com toda a produção que tenho que fazer, e se alguém falar que usar um brinco azul vai dar sorte, eu vou atrás de arrumar um brinco azul.* (Jornal *Notícias Populares*, 1982)

Embora tenha sido criada numa família conservadora e ter formado uma ao lado de um marido também conservador, ela era uma transgressora por ter ido contra uma série de atitudes consideradas "normais" para uma mulher "de família". Falar palavrão, por exemplo, era proibido e censurado para mulheres. Somente os homens tinham o direito de se expressar dessa forma. Mas ela, não sei por que, sempre gostou e sempre falou muitos palavrões. Não era para xingar alguém, era uma forma de expressão. No bom sentido. E ela compartilhava os palavrões com outras artistas. A cantora Maysa era uma delas. Existia muita afinidade entre as duas. Maysa chamava Nair de Naná, e Nair a chamava de Matusca. Na dedicatória de uma foto para minha mãe, Maysa escreveu: "Naná querida. Vontade que eu tenho é de colocar um vasto palavrão aqui, mas o que vai mesmo é um grande beijo e todo o carinho de Matusca Maysa". Outra atriz desse grupo que tinha o hábito de emendar palavrões nas frases do cotidiano era Leila Diniz.

Dedicatória da "Matusca" para Nair Bello

Naquela época, mulheres também não fumavam nem bebiam. Minha mãe aprendeu a beber na TV Record, no bar da emissora e pelas mãos da cantora Isaurinha Garcia, que dizia: "Se você der um golinho de conhaque antes de entrar em cena, sua voz vai ficar muito melhor, e você mais à vontade". O vício de fumar começou bem mais cedo, por volta de 12 anos de idade. O cigarro foi seu companheiro até quase o fim de sua vida, quando precisou parar por questões de saúde. E, por causa dele, sua voz grave e rouca também foi uma marca registrada.

Relato aqui que o colunista José Simão, muito querido por minha mãe, brincava dizendo que Nair tinha voz de traveco. Eles riam muito disso. Numa coluna, ele foi mais elogioso: "Uma mulher pode ser engraçada e *sexy* ao mesmo tempo? Segundo Andy Warhol, pode. A Marilyn Monroe, a Madonna e a Nair Bello". Em outro episódio, numa época em que fizeram uma grande campanha no país para doação de órgãos, Simão escreveu: "Eu não quero o fígado do (Luís Carlos) Miele, nem o pulmão da Nair Bello".

Outra "contravenção" era a amizade de Nair com *gays*. Ela sempre teve amigos homossexuais, com quem conviveu num diálogo respeitoso e de admiração. Era uma empatia mesmo. Por exemplo, o travesti mais querido do Brasil, Rogéria, nascida Astolfo Barroso Pinto, era uma de suas amigas. Em seu livro biográfico, *Rogéria, uma mulher e mais um pouco*, de Marcio Paschoal, ela conta que os sapatos de salto altíssimo, com *strass*, que usou na sua estreia no teatro, foram presenteados pela minha mãe.

Nos *shows* da Galeria Alaska, a primeira boate *gay* de Copacabana, Rio de Janeiro, era comum a presença de artistas da TV Rio. E meus pais estavam entre eles. Uma vez levaram a *nonna* para assistir ao espetáculo dos Dzi Croquettes, composto por homens dançarinos que se apresentavam com um figurino bem exuberante e andrógino. Não preciso dizer que minha avó saiu de lá horrorizada.

Com relação a lidar com a fama e o assédio, minha mãe era muito tranquila e confiante. Sempre falou que era famosa por causa dos fãs que a prestigiavam. Realmente ela adorava seus fãs. Se estava em algum lugar público, sentia o maior prazer em dar autógrafo e tirar fotos. E não se conformava com atores e atrizes que esnobavam os fãs. Ela chegou a viver a febre das *selfies* nos celulares. Onde íamos – aeroporto, shopping, enfim, qualquer lugar público –, as pessoas pediam para tirar uma foto com ela.

Eu não entendo determinados colegas de profissão que fazem um esforço danado para ser alguém, sofrem, pedem, humilham-se, até conseguirem o sucesso. De repente, quando conseguem, botam óculos escuros e chapéu para não serem identificados pelos fãs e, quando estes se aproximam, os tratam com casca e tudo. Ora bolas, por que escolheram ser artistas se não toleram os fãs? Se era para se esconder, por que não escolheram tantas outras profissões nas quais as pessoas vivem incógnitas? (Jornal *Notícias Populares*, 1982)

Com o marido, filhos, nora e netos, 1998

Quanto aos netos, Nair Bello teve seis: três meninas e três meninos. O filho do meu irmão José Bello, Zezinho, os meus três filhos, Mariana, João e Antonio, e as duas meninas da minha irmã Ana Paula, Carolina e Giuliana.

Nair Bello e Hebe Camargo, 1980

Capítulo 6

Fazer humor sozinha é chato

"Fico me achando sem graça, por isso preciso de alguém ao meu lado para que o público ria."

Um de seus mais engraçados parceiros, que fazia Nair Bello e o Brasil inteiro chorarem de tanto rir, foi Ronald Golias. Além de dividir o *set* com ele na TV em vários programas durante muitos anos, também era um grande amigo. Lembro-me de quando ela ficava horas com ele ao telefone. Meu pai não gostava muito, tinha ciúme, mas entendia que era uma relação de respeito e amizade. Eles se divertiam, mas ela também dava algumas broncas em Golias. Ele era muito desleixado, andava sempre mal-arrumado e por isso minha mãe o repreendia – mas não adiantava nada.

Um dia encontramos com ele na rua, perto de sua casa, de bermuda, chinelão e uma camiseta toda amassada, segurando um saco plástico. Minha mãe perguntou: "Aonde você vai assim? Ao supermercado?". Ele respondeu: "Não, vou ao banco". No saco plástico, Golias levava o dinheiro que depositaria. Naquela época, ninguém ia ao banco daquele jeito, muito menos carregava dinheiro daquela forma. Além de engraçado, ele era muito leal. A amizade deles durou a vida toda.

Nair Bello, Ronald Golias e Renata Fronzi, 1987

Os primeiros trabalhos dela ao lado de Golias foram no seriado *Família Trapo*, da TV Record, em 1960. Minha mãe atuou em alguns episódios interpretando a prima do Bronco, personagem que se tornou marca registrada do Golias. Criado por Jô Soares e Carlos Alberto de Nóbrega, e dirigido por Manoel Carlos e Nilton Travesso, *Família Trapo* é considerado um dos primeiros *sitcoms* (abreviatura da expressão inglesa *situation comedies* – em tradução livre, comédias de situação) da televisão brasileira e um dos programas humorísticos de maior sucesso por mais de dez anos. *Família Trapo* serviu de inspiração para programas do gênero, como *A grande família* e *Sai de baixo*, da TV Globo, entre outros.

Família Trapo tinha no elenco a irmã do Carlos Bronco Dinossauro, interpretada por Renata Fronzi, o cunhado, Otello Zeloni, seus dois filhos, Ricardo Corte Real e Cidinha Campos, e o mordomo, Jô Soares. Exibido de 1967 a 1970, o programa foi líder de audiência no horário durante os três anos no ar. Todo mundo parava para assistir à família bagunceira.

Renata Fronzi, Ricardo Corte Real, Nair, Otello Zeloni, Golias, Cidinha Campos e Jô Soares, 1960

Vinte anos depois, em 1987, Nair e Golias voltaram a contracenar. Na série humorística *Bronco*, na TV Bandeirantes, ele interpretava o personagem Carlos Bronco Dinossauro, que continuava o mesmo da *Família Trapo*: malandro, boa vida, sem gostar de trabalhar, só que agora vivendo às custas das duas irmãs: Vesúvia, interpretada por Nair Bello, e Helena, que era sua irmã no programa *Família Trapo*, interpretada por Renata Fronzi. Bronco estava sempre arrumando confusão no prédio onde moravam.

Depois de três anos no ar, em 1990 Golias saiu da TV Bandeirantes e foi para o SBT fazer *A escolinha do Golias*. Não deu outra: levou Nair Bello para dividir o *set* com ele em mais um humorístico. Agora ele fazia o papel do aluno Pacífico, e ela, uma coleguinha chamada Pazza, que quer dizer "louca" em italiano.

O elenco do seriado *Bronco*, da TV Bandeirantes, 1987

Nair ria muito com os "cacos" (um termo utilizado no meio artístico, similar a improvisos) que ele fazia para ela... Um dia ela encontrou o Silvio Santos no corredor da emissora e ele disse: "Puxa! Como é que é? Eu pago para você dar risada?"

Minha mãe e Golias eram cúmplices em cena, riam fora do *script* e faziam a festa.

A gente decora 20 páginas, mas o Golias inventa tanta coisa que a gente acaba fazendo 25, ele é muito engraçado. (Nair Bello para o jornal *Folha da Tarde*, 21 de agosto de 1990)

Nós sempre tivemos muita identificação, ela me entende muito, e eu entendo ela também. (Ronald Golias para o jornal *Folha da Tarde*, 21 de agosto de 1990)

Aniversário da Nair Bello, 1990

Por falar em rir em cena, tem uma passagem engraçada dela com o Ary Fontoura, quando contracenavam na novela *A viagem*, de Ivani Ribeiro (1994). A novela tratava de espiritismo e reencarnação. Um dia, quando falavam sobre morte, Ary disse: "Fui visitar um amigo e, quando cheguei lá, soube que ele havia morrido. Agora sempre ligo antes e pergunto: Você está vivo?". Minha mãe ria de perder o fôlego. Com essa dupla, a seriedade não durava. Era assim também com Rogério Cardoso, o Epitáfio do programa *Zorra total*. Ele fazia de tudo para tirar Santinha do sério...

Há muitos artistas que, por características pessoais, não são tão desinibidos pessoalmente quanto aparentam diante do público. Há exemplos curiosos, principalmente na área do humor. Eu tive a felicidade de trabalhar em filmes com dois grandes atores cômicos já falecidos: Mesquitinha, com quem trabalhei em Simão, o caolho, *e Oscarito, com quem fiz o seu último filme,* Os apavorados. *Ambos comediantes extraordinários, mas na verdade eram pessoas tímidas e quietas. Causariam decepção àqueles que esperam que um artista de humor esteja permanentemente fazendo graça.*

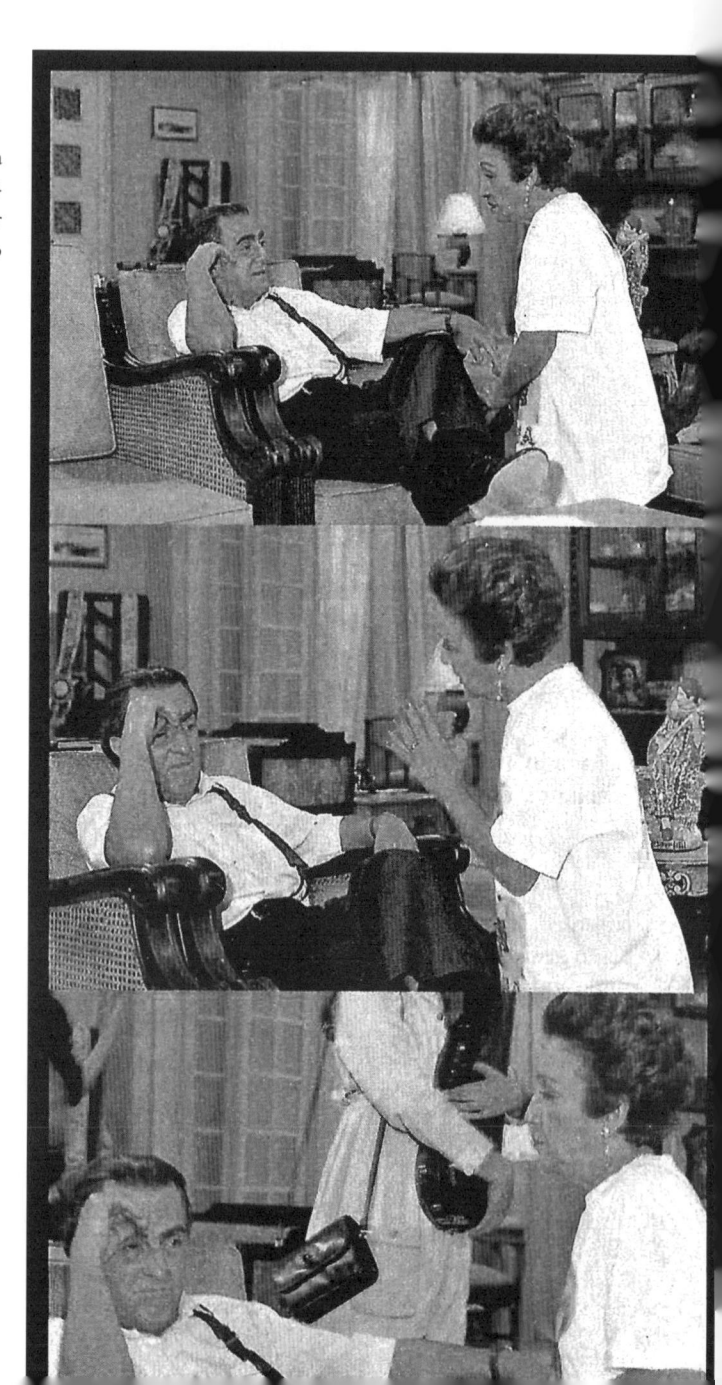

Nair Bello e Ary Fontoura
na novela *A viagem,* 1994
Foto: Ricardo Chvaicer
Revista *Contigo*

Com o inseparável amigo Fausto Silva, 1985

Por outro lado, outros colegas, que são muito engraçados em cena, pessoalmente também o são. Esse é o caso de Ronald Golias e Agildo Ribeiro. Ambos têm sempre uma tirada oportuna, uma frase espirituosa, uma gozação especial para determinadas situações. Do lado feminino do humor brasileiro, duas grandes comediantes têm comportamentos perfeitamente distintos. Enquanto Ema D'Ávila, com toda a sua simpatia, é uma pessoa quieta e quase tímida, a minha querida Consuelo Leandro é uma das criaturas mais engraçadas e desinibidas que conheço. Devo confessar que eu também não tenho nada de tímida. (Nair Bello para o jornal *Folha da Tarde*, 21 de agosto de 1990)

Hebe Camargo, Nair Bello e Irineu, 1983. Foto: Petrônio

O ator e cantor Agnaldo Rayol e Nair Bello, 1990

Nair Bello, Luís Carlos Miele, Agnaldo Rayol, Hebe Camargo, Golias, Carlos Alberto de Nóbrega e elenco em sátira do clássico Romeu e Julieta, TV Record, 1968

Como jurada do programa *Flávio Cavalcanti*, 1983

Capítulo 7

Da comédia para o drama

Depois de 26 anos de uma bem-sucedida carreira como humorista, Nair Bello interpretou, pela primeira vez, uma personagem dramática. O convite veio do autor e diretor Geraldo Vietri, um dos escritores e diretores mais importantes da história da telenovela brasileira. Como bom italiano, Vietri via em minha mãe a inspiração para criar personagens que iam do drama à comédia.

O primeiro contato dela com Vietri foi por volta de 1969, quando morávamos no Rio de Janeiro. Ela ia algumas vezes a São Paulo para gravar programas humorísticos na TV Tupi. Um dia, nos corredores da emissora, encontrou com Vietri, que na época escrevia e dirigia a novela *Nino, o italianinho*, tremendo sucesso de audiência e outro marco da telenovela brasileira. Na hora, comentou que adoraria fazer uma mãe italiana em uma novela escrita e dirigida por ele. E ainda frisou: "Promete que vai se lembrar de mim?". Ele sorriu e disse que sim. Promessa feita, promessa cumprida! Quase dez anos depois, no final de 1977, Vietri chamou Nair para interpretar uma mãe italiana na novela da Tupi. Nascia a personagem Dona Pina, da novela *João Brasileiro, o bom baiano*, um papel dramático que surpreendeu a todos, pois, até então, Nair só participava de programas humorísticos. Esse foi o primeiro de muitos trabalhos que ela fez com ele.

Geraldo Vietri e Nair Bello, 1978

Foi com surpresa e alegria que recebi o chamado de Geraldo Vietri para ser Dona Pina, da novela João Brasileiro, o bom baiano. *É um tipo totalmente diferente de todos que já fiz até hoje, uma mulher que está com o filho na cadeia e procura não se deixar vencer pela dor. No início, tinha medo que as pessoas rissem na hora errada, pois estavam acostumadas com a atriz humorística. Agora, sei que estou sendo levada a sério. Sinto pelas pessoas que me abordam nas ruas, pelas cartas que recebo, todas me incentivando.* (Revista Especial do Boletim de Programação da Rede Tupi, abril de 1978)

A história da novela girava em torno do personagem João Brasileiro, um jornalista baiano que sai de sua terra natal, Salvador, para morar em São Paulo, deixando para trás a família, a profissão e um casamento com data marcada para acontecer. João troca sua vida estável por um quartinho na pensão de Dona Pina, uma viúva que, para criar os dois filhos, transforma sua casa em uma pensão. Durona no jeito de lidar com as pessoas, mas com um enorme coração, Dona Pina acaba assumindo os problemas dos pensionistas e os acolhe como se fossem seus filhos, sofrendo. O ator Jonas Mello interpretava o João Brasileiro.

Para mim, o trabalho que venho fazendo na história de Vietri, João Brasileiro, o bom baiano, *tem sido uma experiência fascinante. Pina, a minha personagem, apesar de seu jeito aparentemente grosseiro, é uma mulher sensível, humana. Sem dúvida, ela tem todos os ingredientes para tocar de perto o público, o que felizmente já está ocorrendo.* (Jornal *Notícias Populares*, na coluna *A TV está assim*, 1978)

"A vida toda ela fez rir, mas agora chegou a hora de chorar", escreveu a jornalista Lyba Frydman numa reportagem para a revista *Sétimo Céu*. Em seguida, Lyba entrevistou minha mãe para sua coluna na revista *Amiga* e observou: "Aos 47 anos, Nair Bello se confessa nervosa como uma caloura toda vez que pisa em cena na novela *João Brasileiro, o bom baiano*, de Geraldo Vietri. E é com a humildade de quem está começando que ela agradece a Deus a realização que diz ter encontrado agora. A Deus e, é claro, a Vietri. 'Eu sempre brinquei muito com o Vietri. Não escondo que fui, sou e serei macaca de auditório de seu trabalho. E todas as vezes que passava por ele, eu brincava: *Vietri, não esqueça de mim na sua próxima novela*. Na verdade, toda atriz quer trabalhar em uma novela'. Quando escolheu o elenco de *João Brasileiro, o bom baiano*, Vietri não esqueceu Nair Bello. Há muito ele a imaginava como Dona Pina, dona de uma pensão e uma mulher acima de tudo alegre, brincalhona, que não se deixa vergar pelo peso da mágoa, e que enfrenta com coragem todas as dores que a vida lhe impõe".

Nair Bello e Jonas Mello na revista *Amiga*, 1978

Dona Pina me é tão íntima que tenho a impressão de que a vida toda vivi ao lado dela. Sabe, fui criada no Cambuci, bairro de colonização italiana, daí me identifico muito com ela. Dona Pina é aquela mulher sem preconceitos, que não dá confiança a ninguém, extremamente sincera e acima de tudo honesta consigo mesma, muito autêntica. (Revista *Melodias*, março de 1978)

A famosa crítica de TV na época, Helena Silveira, em sua coluna do jornal *Folha de S.Paulo*, fez o seguinte comentário sobre a interpretação de Nair Bello: "Durante muito tempo, Nair só pôde mostrar o lado humorístico muito forte que ela tinha. Na novela, a atriz tem a oportunidade de revelar outra Nair, Dona Pina, uma mulher que é intensamente ferida em seu amor maternal. Nair Bello faz o drama com a mesma naturalidade com que fez Santinha, com Renato Corte Real. Nair faz uma italiana dona de uma pensão familiar e tem um filho na cadeia. Ela está extraordinária. Sai do vídeo, vem para junto da gente, diz sua fala peninsular de vogais abertas. Perfeita".

Se Dona Pina tem seu lado engraçado, também tem o triste. É uma mulher sofrida. Aliás, tem uma frase do Chico Xavier que eu acho que cabe direitinho para Dona Pina: 'A dor é minha, o sorriso dos outros'. Acho que tenho muita coisa em comum com ela. Tenho a mesma força. Passei uma tragédia até maior que a dela e reagi. (Revista *Melodias*, março de 1978)

A tragédia à qual Nair Bello se referia era real, o acidente de carro que matou seu filho Mané. A reação foi a superação da dor da perda.

O filho Mané na revista *Fatos e Fotos Gente*, 1979

filho Mané em 1972

Capítulo 8

Dor e fé

Meu filho Manoel morreu em 1975, num acidente. Só consegui superar essa perda no ano seguinte, depois que recebi uma carta dele psicografada pelo Chico Xavier. Não tem provação maior para uma mãe. Mesmo tendo outros filhos, você olha e vê que está faltando um. A fé e o trabalho me impulsionaram e em três meses já estava trabalhando de novo. (Revista *Fatos e Fotos Gente*, 7 de maio de 1979)

Foi muito doloroso para todos nós a morte do meu irmão aos 20 anos de idade. Um acidente de carro que tirou a família do eixo.

No dia 8 de dezembro de 1975, Mané pediu meu carro emprestado para ir à inauguração de uma agência de publicidade da qual meu pai era sócio. Depois da inauguração, foram todos para a boate Hippopotamus, o *point* mais badalado de São Paulo na época.

Minha mãe passou a noite falando para ele: "Mané, para de beber".

Às 2 horas da manhã, Mané saiu da boate para levar um amigo carioca do meu pai a um hotel no centro da cidade, onde estava hospedado. Quando descia a Rua Engenheiro Edgar Egidio de Sousa, próximo à nossa residência, no Pacaembu, ele bateu o automóvel em uma árvore. Em decorrência, teve traumatismo craniano e entrou em coma. Depois de cinco dias no hospital, ele veio a falecer.

Imagino a dor que minha mãe sentiu, agora que também sou mãe.

Ela foi muito forte perante a família. Raramente chorava perto da gente e tentava viver normalmente.

> *Rezei muito para voltar a sorrir. Se eu me entregasse, ia acabar com minha família e me tornaria uma pessoa chata. A dor e o prazer são sensações muito exclusivas. Não devem ser alardeadas.* (Jornal *Notícias Populares*, 1982)

Após um ano e meio da morte do Mané, quando Nair Bello estava fazendo a turnê com a peça *Allegro desbum* em Uberlândia, um colega do elenco sugeriu que fossem a Uberaba visitar o médium Chico Xavier. No encontro, Chico lhe disse: "Eu sei que você quer saber notícias do seu filho, mas o telefone espiritual não toca de cá para lá, toca somente de lá para cá. Temos que esperar ele entrar em contato".

No mês seguinte, meus pais voltaram para uma sessão aberta com Chico Xavier e meu irmão se manifestou através de uma carta psicografada. Foram 90 páginas relatando passagens do nosso cotidiano, nomes de parentes e até detalhes que somente meus pais e meu irmão sabiam, como o episódio antes do acidente, quando minha mãe estava programando as festividades de Natal, que sempre aconteciam na cidade de Limeira, interior de São Paulo, com a família de meu pai. Em um almoço de família, meu irmão Manoel falou para eles que não passaria as festas conosco. Surpresa com a afirmação do Mané, minha mãe perguntou o motivo de ele não ir, mas ele só respondeu que não compareceria. Meu pai ficou aborrecido na hora, mas o assunto foi encerrado.

Este é o texto da carta psicografada por Chico Xavier:

Querida mamãe, meu pai, este é o momento do Mané criança e preciso pedir a bênção. Não sei muito bem como escrever aqui. A sala iluminada, muita gente, e o menino aqui, lembrando as provas do colégio. Se a memória não estiver funcionando corretamente, já sei que não consigo o que desejo. Acontece, porém, que tenho bons amigos auxiliando-me a grafar esta carta.

Creiam vocês, a rapidez da escrita, o tipo da letra, em grande parte pertencem a eles, à vovó Maria e ao nosso amigo dr. Trajano, mas o que escrevo, o que passo nas linhas caprichosas do lápis não é cola nem sopro de outras inteligências.

Mãezinha, é hora de chorar com vocês e afirmar que os sentimentos são meus mesmo, são de seu Manoel caladão, enfeitado de tantas ideias e tantas teimosias que fui até onde a rebeldia e a falta de comunicação me levaram. Já sabemos tudo. Papai foi mais forte naquele dezembro que estourava com a nossa certeza de uns dias de recreio e bons papos com os nossos de Limeira, quando você, mamãe, fazia tantos planos diante de nós, para ver se descansava de suas lutas no trabalho, eis que o Mané não achou a pedra no caminho, mas encontrou um tronco forte que me pôs a cabeça incapaz de pensar.

Mãezinha e meu pai, eu fiz tudo para levantar o corpo, mas eu creio que o choque me alterou a circulação. Não estamos na hora de saber se rebentei alguma artéria importante ou se abri torneiras de sangue na cabeça intracrânio (vamos criar uma palavra que me ajude a recordar), mas o que é certo é que sou trazido até aqui para consolar-nos, uns aos outros. Erguer-me não pude, falar muito menos, tive apenas a sensação de que caía num sono contra minha própria vontade. E creiam vocês dois que pensei em ambos do mesmo modo que pensei em Deus naqueles momentos em que me apagava devagar. Tanto desejo de sair, buscar algum telefone e contar que fora vítima de um acidente. Mamãe, isso tudo eu pensei com tantas saudades de você. Naquela hora precisava de sua alegria e de sua palavra para suportar o tranco, mas, sem saber rezar, em silêncio pedi a Deus que nos abençoasse e não deixasse você e meu pai acreditarem em suicídio. Às vezes, o Mané casmurro que eu era falava em mundo difícil de aguentar e fazia alguma referência que pudesse dar ideia de que, algum dia, ainda forçaria o portão de saída da Terra. Mas estejam convencidos de que o carro deslizou sem que eu pudesse controlá-lo. A visão não estava claramente aberta para mim, porque sentia em torno uma névoa grossa, e a manobra infeliz veio fatal e com tamanha violência que a tese de suicídio não devia vir à baila.

Isso tudo eu compreendi muito depois, porque naquele instante eu estava pensando em Natal e em nossa viagem a Limeira. Não sei se recordam que eu demonstrava uma certa indecisão entre acompanhar a família ou ficar em nossa casa. Mas isso tudo era só de mentirinha porque, no fundo, eu queria seguir com todos. Mas eu, que às vezes falava na morte, não sabia que ela me espreitava assim tão perto. Caí sem querer num sono violento no qual me pareceu estar num poço muito profundo, à espera de que me libertassem, conquanto não me fosse possível gritar por socorro. Por fim, sonhei, como num pesadelo, que me carregavam para o hospital e escutei, mamãe, o seu choro abafado.

As vozes baixas no sonho eram ainda mais baixas. Senti o cheiro de remédios e escutei o ruído de instrumentos como se penetrando em meu cérebro. O sonho era demorado, um sonho em forma de pesadelo, daqueles que a gente quer acordar sem poder, mas depois veio um sono silencioso, como se tudo houvesse acabado, o mundo e eu. Despertei não sei quando até hoje, e me senti à vontade, pedindo pela presença de meu pai para conversar. Queria preparar com ele um modo de atenuar os sustos em casa e sempre com a ideia fixa na viagem do Natal. Foi quando minha avó Maria e outra senhora, a quem ela deu o nome de D. Maria Angélica de Vasconcellos, me animaram para o conhecimento da verdade. A realidade é que eu estava completamente boiando nos casos. Não conhecia ninguém. Elas me apresentaram a dois senhores, que se identificaram como sendo o dr. Trajano de Barros e o meu bisavô Souza, e depois trouxeram um sacerdote amigo e paternal que me disse conhecer-nos a todos. Tive a ideia de que o grupo se compadecia de minha ignorância, mas o sacerdote encontrou um caminho para abordar-me:

Pois você, Manoel, nunca ouviu em casa de seu avô a história de Frei João, aquele que pretendia curar febres com o suco de limas?

Ele me perguntou com um sorriso tão luminoso e tão amigo, que meu espanto diminuiu. Se eu estava vendo o Frei João de Limeira, eu estava entre os mortos ou entre os vivos de outra espécie e perguntando à minha avó Maria sobre isso, com o olhar ela me respondeu: "É verdade, meu filho, a casa de Irineu e de Nair agora é a nossa aqui para você. A morte não existe. Você apenas voltou aos seus. Tínhamos muitas saudades de você também". Aquilo me cortou o coração. E mamãe? Ela me informou que você e meu pai com os irmãos estavam com a bênção de Deus e que *eu não devia rebelar-me contra o acontecido, mamãe. Não adiantaria qualquer resposta agressiva de minha parte... Então chorei como se "nunca mais" fosse a situação em que a morte nos colocava diante daqueles que mais amamos. As emoções me agravaram a condição de doente e debati-me numa febre que perdurou muito tempo. Febre em que a via alucinada de dor, com meu pai procurando reconfortá-la. Quem disse que a morte liquida tudo estava muito enganado. Nas alucinações ouvia os seus pensamentos: "O que terá você feito, filho? Manoel, conte para sua mãe a verdade! Fale se você não mais nos quis!". E eu respondia explicando o acidente, mesmo cansado e abatido como estava, via meu pai sofrer calado para não aumentar a tristeza em casa, e ouvia os irmãos falando em festas de Natal e Ano Novo, com algumas pontas de ironia de quem não compreende a presença do sofrimento, as horas em que mais pensamos em Deus. Mas, melhorando, comecei a temer por você, mãezinha. Sua alegria parecia morta, seu coração dava a ideia de uma noite fria e sem estrelas. Você pensava se valeria a pena ficar na Terra sem seu Mané casmurro. E tanto amor extravasava de seu coração para o meu, embora as distâncias de espaço, que não existem para os que se amam que, o teimoso de sempre, inclinei-me para a ideia de Deus e comecei a pedir por sua alegria e por sua vida. Papai e os nossos não poderiam ficar sem você e você não poderia vir antes do momento marcado. Pedi e pedi tanto, que um amigo apareceu com a vovó Maria e se identificou por Oduvaldo. Era o nosso amigo Oduvaldo Vianna, que me disse: "Você pode estar sossegado, Nair é mais corajosa do que você pensa e nós vamos organizar a peça em que sempre desejei ver sua mãe mostrar o talento que lhe conheço".*

Depois de algum tempo, passei a vê-la no espelho de minha visão ocupada com o teatro e Oduvaldo com muitos amigos auxiliando-a.

Mãezinha, eu sabia que isso ia dar certo, porque você foi sempre a rainha do trabalho. Serviço nunca lhe deu medo e foi com muitas lágrimas de alegria que fui levado para abraçá-la em sua volta ao palco de paz e alegria. O trabalho diminui nossas penas, papai ficou mais calmo ao vê-la mais serena e toda a família reanimou-se.

Perdoem-me se me estendi tanto. Não tenho pretensões de sintetizar.

Isso é para escritores que burilam as palavras e as frases, como os ourives fazem com as pedras preciosas. Aqui, mamãe, é só o coração do filho para tranquilizá-los. Estou bem. Estou em outras faixas e agora menos introvertido. Estou aprendendo aquela ciência em que você e meu pai sempre me quiseram bem formado, a ciência do diálogo. Estou aprendendo a sair de mim mesmo e a ouvir para responder certo. Penso que consegui o que desejava: sossegar meu pai e minha mãe acerca do acidente de que fui vítima. Papai está com excelentes estudos sobre a vida da alma. Quando você, mamãe, puder fazer o mesmo, isso será muito bom. Eu teria chegado aqui mais escovado se tivesse alguma preparação sobre os meus novos assuntos.

Abraços na turma toda, começando por Aparecida e continuando nos irmãos. Diga, mamãe, a eles todos que estou melhor e com boas notas de renovação. Desejo a todos uma vida longa e muito feliz. Obrigado, mamãe, por seus gestos de caridade pensando em mim. Esse agradecimento é extensivo ao meu pai. Minhas saudações aos seus e nossos companheiros de trabalho, especialmente aos que vieram com vocês até aqui. Um abraço para todos de São Paulo a Limeira e vice-versa. Agora, peço-lhes que me abençoem com alegria. Mamãe, eu creio que principalmente você e eu já nos cansamos de chorar. Coloque a sua alegria em nossa vida como sempre. Seja sempre a nossa Nair Bello, que nós seguíamos atentos em tudo de bom e belo que a sua arte produz. Meu abraço aos dois, a você e a meu pai, com um beijo do filho cada vez mais reconhecido e sempre mais filho de vocês dois pelo coração e com todo o coração do Mané.

Manoel Francisco Neto

Antes da carta, chegamos até a pensar em suicídio, devido a uma série de coincidências que aconteceram. Em poucos dias, no mês de novembro, Manoel abandonou a Faculdade Ideal, onde estudava, deixou o emprego em que trabalhava e desmanchou o noivado que mantinha com uma jovem do Rio de Janeiro. Meus pais estavam estranhando esse comportamento; parecia que ele se preparava para desfazer todos os vínculos que mantinha por aqui, exceto os da família. Depois da carta e do encontro com Chico Xavier, minha mãe redobrou a sua fé em Deus e na vida, e passou a levar palavras de conforto a outras pessoas que viviam a mesma dor. Ela dizia: "Temos uma família e temos que continuar a cuidar dela". Desde então ela passou a receber telefonemas e cartas de pessoas que haviam perdido um ente querido e buscavam conforto. A carta psicografada foi impressa num folheto que ela e meu pai enviavam por correio para essas pessoas.

Em 1985, dez anos depois da morte do Mané, minha mãe entrevistou Chico Xavier e comentou sobre o episódio da carta num programa da Hebe Camargo, na TV Bandeirantes.

ESCLARECIMENTOS IMPORTANTES

Manoel Francisco Neto, filho de Nair Bello Souza Francisco e Irineu Souza Francisco, nasceu em Santos no dia 11 de outubro de 1955 e desencarnou em 14 de dezembro de 1975, com 20 anos de idade, vitimado num acidente de automóvel que ele mesmo dirigia, de encontro a uma árvore na Rua Engenheiro Edgar Egidio de Sousa, próximo à sua residência, no bairro Pacaembu, em São Paulo. O acidente ocorreu na madrugada do dia 9 de dezembro e Manoel ficou em coma, com febre alta, no Hospital Matarazzo, em terapia intensiva, até o desfecho final. As pessoas por ele citadas na mensagem recebida por Francisco Cândido Xavier, na sala principal do Grupo Espírita da Prece, em Uberaba, MG, diante de seus pais e de dezenas de outras pessoas, foram identificadas por seus familiares, algumas até com um pouco de esforço de memória:

Maria da Piedade Francisco

É a vovó Maria, sua bisavó paterna, nascida em Portugal e desencarnada em Limeira, interior de São Paulo, em dezembro de 1955, um mês após o nascimento de Manoel.

Dr. Trajano de Barros Camargo

Cidadão benemérito da cidade de Limeira, onde fundou a primeira indústria lá existente. A rua principal e o Colégio Industrial de Limeira levam o seu nome.

D. Maria Angélica de Vasconcellos

Segundo informações obtidas com a família do pai de Manoel, que reside em Limeira, essa senhora viveu na cidade há muitos anos, tendo sido casada com um certo Capitão Vasconcellos.

Cândido Soares de Souza

O bisavô Souza pelo seu lado paterno, ao qual Manoel se refere, desencarnou em Limeira em 1939, cidade do interior de São Paulo onde sempre viveu.

Frei João

Pelas indicações da mensagem, deve se tratar de Frei João das Mercês que, segundo a história da fundação de Limeira, foi quem deu origem ao nome da cidade. Acompanhando uma caravana em 1781, Frei João fez questão de levar consigo grande quantidade de limas, pois na época era corrente que as frutas preservavam aqueles que as chupassem das febres malignas. Frei João das Mercês, porém, ao chegar ao Rancho do Morro Azul, foi acometido de violento ataque de febre que o vitimou. No delírio, o religioso acusava seus auxiliares de terem envenenado a sacola de frutas. Enterraram o religioso ali perto e, com ele, o resto das limas. Tempos depois, perto da cruz erguida, nasceu uma limeira. O pouso passou a chamar-se Rancho da Limeira.

Oduvaldo Vianna

Pelas indicações, deve se tratar de Oduvaldo Vianna Filho, autor teatral que desencarnou aos 36 anos de idade, no Rio de Janeiro, deixando inúmeras obras teatrais. Entre elas, *Allegro desbum*. Quando ainda era vivo, numa tarde na casa de Cidinha Campos, no Rio, Vianinha convidou Nair Bello para interpretar um dos papéis dessa peça, que ele acabara de escrever. Na ocasião, Nair não aceitou o convite e a peça foi lançada no Rio com outra intérprete. Dois meses depois do falecimento de seu filho, quando maior era a sua depressão e o manifesto desejo de abandonar a vida artística, Nair foi procurada pelo diretor José Renato, que a convidou para interpretar o mesmo papel que Vianinha lhe destinara ainda em vida. Às instâncias de seus familiares, Nair aceitou o convite, e *Allegro desbum* foi lançada em março de 1976, ficando em cartaz durante 14 meses em São Paulo.

Maria Aparecida Souza Francisco

É a Aparecida, irmã de Manoel, citada também em sua mensagem.

Nair Bello e Marcos Caruso na peça *Allegro desbum*, 1976. Foto: arquivo Marcos Caruso

Capítulo 9

Novos caminhos

Na carta psicografada por Chico Xavier, um trecho trazia mais uma revelação. Meu irmão, Mané, comenta: "Um amigo apareceu com a vovó Maria e se identificou – foi o nosso amigo Oduvaldo Vianna, que me disse: 'Você pode estar sossegado, Nair é mais corajosa do que você pensa e nós vamos organizar a peça em que sempre desejei ver sua mãe mostrar o talento que lhe conheço'".

Esse amigo só poderia ser Oduvaldo Vianna Filho, dramaturgo, ator e diretor de teatro e televisão, morto em 1974, e uma pessoa próxima de minha mãe. Premonição ou destino, o fato é que, antes daquela carta e três meses depois da morte do Mané, ela recebeu um telefonema do diretor de teatro José Renato pedindo que lesse uma peça de Oduvaldo. Achamos um pouco audacioso da parte dele convidá-la para fazer uma comédia num momento tão difícil como aquele. Mas, quando ela leu a peça, foi uma surpresa. Além de ter sido citada na carta psicografada, Vianinha já tinha convidado minha mãe para participar dessa peça alguns anos antes, *Allegro desbum*. Foi num jantar na casa da jornalista e atriz Cidinha Campos que ele fez o convite. Nair logo perguntou se tinha que falar palavrão, e ele respondeu: "O que você acha, Nair? Uma personagem feita para você tem que falar palavrão". Ela disse: "Então não vai dar, com palavrão em cena meu marido não deixa". E a peça acabou sendo encenada no Rio de Janeiro com a atriz Berta Loran, no papel que foi escrito para Nair.

Num momento tão delicado, uma proposta como aquela deixou minha mãe dividida entre encenar ou não a peça. Família, amigos, todos foram unânimes em convencê-la a realizar o projeto, porque seria um motivo para ela tentar esquecer o acidente com meu irmão. Finalmente, ela aceitou. Em março de 1976, a peça estreava com sucesso no Teatro Maria Della Costa, em São Paulo, com direção de José Renato, tendo no elenco Jussara Freire, Marcos Caruso, Edgar Franco, entre outros. Pela primeira vez, Nair pisava num palco.

Em 1976, fiz minha primeira incursão pelo teatro. Convidada por José Renato, concordei em participar do elenco da peça **Allegro desbum**, *de autoria de Oduvaldo Vianna Filho, o Vianinha. O que, a princípio, parecia mais um compromisso profissional numa fase em que especialmente vivi um drama pessoal muito grande, acabou por se transformar não na terapia ocupacional que eu imaginava, mas num sério compromisso com o público, que durou 18 meses.* (Jornal *Notícias Populares*, 29 de setembro de 1982)

Confesso que estou apavorada, mas a situação é engraçada demais. Eu, aos 45 anos, sofrendo como uma novata. A responsabilidade no teatro é muito maior, a gente tem que dar a dica para o colega e respeitar a marcação. A televisão, hoje com o videoteipe, permite erros. Acho que só daqui a três meses vou começar a ficar menos nervosa, apesar de me sentir bem no papel da mulher que queria casar a filha bonita para ficar sossegada na vida. (*Jornal da Tarde*, 13 de março de 1976)

A comédia girava em torno de um publicitário que ganha 20 milhões de cruzeiros por mês e resolve largar tudo, ao mesmo tempo em que se apaixona por uma jovem cujo principal objetivo é casar com um cara que ganhe 20 milhões por mês. Minha mãe fazia o papel de Cremilda, a debochada mãe dessa jovem, que faz tudo para conseguir um bom casamento para sua filha e, de preferência, com um ricaço – no caso, o tal publicitário.

A estreia no teatro lhe rendeu muitos elogios da crítica especializada, embora a peça tenha sido considerada por alguns como populuresca e apelativa, como conta minha mãe na sua coluna *A Fala da Santa*:

> *Numa recente entrevista a uma revista, a grande atriz Fernanda Montenegro, a primeira-dama do teatro brasileiro, comentou sobre algumas injustiças que são cometidas por pessoas cujas obras às vezes só são reconhecidas depois de sua morte. E cita, a propósito, o caso de Vianinha e da peça* **Allegro desbum**. *Na ocasião de seu lançamento, com o autor ainda vivo, a crítica considerou-a um horror, populuresca, apelativa etc. Depois de sua morte,* **Allegro desbum** *passou a ser olhada e considerada como um trabalho excelente, de análise de costumes, uma comédia de época etc. Quer dizer, os méritos do trabalho de Oduvaldo Vianna Filho nessa obra só foram exaltados depois dele morto. Tem razão a minha*

Nair Bello e Marcos Caruso na peça *Allegro desbum*, 1976. Foto: arquivo Marcos Caruso

amiga e grande atriz Fernanda Montenegro. Nem sempre as
pessoas recebem em vida o reconhecimento pelo que fazem.
(Jornal *Notícias Populares*, 29 de setembro de 1982)

Com relação à interpretação de Nair no papel de Cremilda, o jornalista Hilton Viana comentou em sua coluna do jornal *Diário da Noite*, em março de 1976: "No setor das interpretações, grande surpresa do espetáculo é Nair Bello, que obriga, sem o menor esforço, o público a rir sem parar. Parece que sempre fez teatro". No mesmo ano, o crítico teatral Sabato Magaldi, do *Jornal da Tarde*, também escreveu sobre a interpretação dela em *Allegro desbum*, que acabava de estrear: "Nair Bello domina a cena com simpatia e como se fosse veterana no contato com o público. *Allegro desbum* promete cumprir uma longa carreira".

Sua colega e amiga, a atriz Dercy Gonçalves, numa entrevista ao jornal *Diário Popular,* de 9 de março de 1977, comentou sobre a peça: "Nair Bello, uma excelente comediante e uma das poucas que têm maneira própria de representar sem procurar me imitar".

Allegro desbum ficou quase dois anos em cartaz, fazendo sucesso em teatros de todo o país. No mesmo ano de 1976 Nair fez sua segunda estreia, agora em telenovela. Completando quase 30 anos de carreira, aos 45 anos de idade, participou da telenovela *Sossega leão*, na TV Tupi, dirigida por Antônio Seabra. Ao lado de Jussara Freire e Felipe Carone, ela fez o papel de Conchetta, telefonista de um hotel cinco estrelas, irmã do protagonista, o Leão, interpretado por Felipe Carone. Leão era uma pessoa bem-intencionada, que amava a esposa Clarinha (Jussara Freire), sendo incapaz de traí-la. Tem tanto ciúme dela que chega a sonhar que ela o trai. Sua ingenuidade o coloca nas mais inusitadas e difíceis situações.

Enquanto *Allegro desbum* fazia uma boa carreira no teatro, a novela

Sossega leão, na TV Tupi, não conquistou muita audiência. No *Jornal do Brasil* de julho de 1976, a crítica Maria Helena Dutra, analisando a programação da TV Tupi, comentou: "É na linha de *show* e humor que mais se revela o anacronismo do enfoque e da impostação de toda a programação da Tupi. Suas duas produções cômicas, *Sossega leão* e *Deu a louca no show*, estão datadas do princípio do século. Na primeira, agora exibida aos sábados e que vai se mudar para segunda-feira, é visível a intenção de reeditar a fórmula da *Família Trapo*, de antológico sucesso nos tempos em que a TV Record de São Paulo tinha elenco. Mas a exumação é tão destituída de graça que os competentes atores Felipe Carone e Nair Bello fazem pena com suas graças descabidas e ridículas".

Ainda na TV Tupi, Nair participou dos programas *Deu a louca no show* e *Balança mas não cai*. E, ao lado de Consuelo Leandro, apresentou um programa matutino na Rádio Mulher chamado *Dose dupla*, uma revista feminina com assuntos do dia a dia.

Seu contrato com a TV Tupi continuou até 1978, quando terminou de fazer a novela *João Brasileiro, o bom baiano*, interpretando Dona Pina em seu primeiro papel dramático escrito especialmente para ela por Geraldo Vietri. Depois minha mãe ficou um ano sem trabalhar, até receber um convite da TV Globo para atuar em uma novela que, mais uma vez, levava a assinatura de Geraldo Vietri. *Olhai os lírios do campo*, baseada no romance de Érico Veríssimo, foi a primeira novela de Vietri na TV Globo depois de 21 anos de TV Tupi, mas sua passagem pela emissora foi breve. O autor acabou se desentendendo com o diretor Herval Rossano e foi substituído por Wilson Rocha. Com isso, Vietri foi para a TV Bandeirantes e novamente convidou minha mãe para trabalhar com ele, agora como protagonista de um seriado criado especialmente para ela, *Dona Santa*.

Rogério Cardoso e Nair Bello em 1995
Revista *Amiga*

Capítulo 10

O retorno da Dona Santa

Dona Santa era uma viúva italiana que, para sobreviver e sustentar a família, passa a dirigir o táxi que era do seu falecido marido. Essa atrapalhada motorista de táxi que vivia envolvida em confusão com os passageiros rendeu 32 episódios. Devido ao seu sucesso, os episódios foram reprisados várias vezes no mesmo ano, em 1981. Para representar a motorista de táxi, Nair Bello, que nunca dirigiu, teve de tirar carteira de motorista. A maioria das cenas era gravada com o táxi parado ou com uma dublê, mas, quando ela tinha que dirigir, era um "Deus nos acuda". Uma vez ela saiu com o contrarregra para dar uma volta no quarteirão e desapareceram. Vendo que eles não voltavam, a produção do seriado, preocupada, percorreu o bairro e acabou encontrando os dois com cara de apavorados, tentando explicar a um comboio da Polícia Militar que o Fusca não tinha documentos porque estavam trabalhando num seriado de TV. E o que era para ter sido um drama acabou em comédia, graças ao bom humor sempre inabalável de Nair.

Outra curiosidade do seriado ocorreu quando o ator Elias Gleizer, que interpretava o padre Ferdenuto – nome inspirado em um tio de minha mãe –, deveria contracenar com outro padre e, para isso, tinha de ter autorização da Cúria Metropolitana. Vietri foi até lá e teve a grata surpresa de ser recebido pelo representante da Cúria, que não só autorizou como quis participar. E esse representante era ninguém menos que Dom Paulo Evaristo Arns. "Eu mesmo faço questão de participar. Dona Santa é um programa que dignifica a televisão e pode ser visto pela família brasileira."

Com Elias Gleizer na capa da revista *Amigão*, 1981

Dona Santa foi um grande marco em sua carreira. A partir desse seriado, Nair Bello se tornou uma celebridade em todo o país. No elenco, além de Elias Gleiser e Nair Bello, estavam Cláudia Alencar, Amilton Monteiro e, fazendo sua estreia na televisão, Selton Mello – ele era criança naquela época. O seriado fez tanto sucesso que recebeu os prêmios Troféu Imprensa e Melhor Humorista Feminina.

Troféu Imprensa de Melhor Humorista Feminina, 1982

Amilton Monteiro, Cláudia Alencar, Geraldo Vietri, Nair Bello, Elias Gleizer
e os pequenos Selton Mello, Daniella e Renata, 1981

Na primeira vez que li a sinopse de Dona Santa, aconteceu como havia ocorrido com Santinha, outra personagem que interpretei. Na hora que bati os olhos, era como se já houvesse vivido aquelas cenas e passado pelas mesmas situações.

O artigo do jornalista Miguel de Almeida, na *Folha de S.Paulo* de 14 de fevereiro de 1982, comentou algo parecido sobre sua atuação: "Às vezes, Nair se parece com a personagem da *Dona Santa*. Difícil estabelecer a separação entre Nair Bello e Dona Santa. Ambas se completam, ou talvez seja apenas mais um mérito da atriz para convencer o público, o repórter em especial, com uma interpretação elaborada, cheia de *gags*, com gestos convincentes e uma entonação de voz jamais falsa. Como acontece com grandes artistas, o personagem toma uma forma independente da vontade do intérprete. E se confunde na imaginação da plateia".

Nessa mesma entrevista, ela fala sobre trabalhar em teatro:

Me amola muito ficar um ano inteiro falando a mesma coisa. Prefiro a televisão, que faço hoje e amanhã está no ar. Gosto da velocidade, da coisa ágil.

Enquanto protagonizava a personagem Dona Santa, Nair também fez cinema, trabalhando sob a direção de Ana Carolina no filme *Das tripas coração*. Ao seu lado, no elenco, estavam Dina Sfat, Antônio Fagundes, Xuxa Lopes e Myriam Muniz. Lembro-me de ter ido às filmagens no Colégio Sion, em Higienópolis, um dos mais tradicionais de São Paulo. Ela interpretava uma inspetora escolar que tinha como chefe a personagem de Myriam Muniz. Lembro que ela não percebeu que a personagem da Myriam e a dela tinham conotação homossexual. Ela interpretou sem se dar conta. Só depois ela percebeu e, então, rimos muito.

Myriam Muniz e Nair Bello.

Com o sucesso de *Dona Santa* e os 32 anos de carreira, Nair Bello assinou, em 1982, uma coluna no jornal *Notícias Populares*, em que comentava passagens de sua vida e também emitia suas opiniões. Com o nome de *A fala da Santa*, a coluna era redigida por meu pai. Num dos exemplares, ela comenta sobre um convite para atuar em *O beijo da mulher-aranha*, dirigido por Hector Babenco, em 1985. Ela recusou, dizendo: "Vai ter que contracenar com o William Hurt. Já pensou? Não falo uma palavra em inglês. Ia cair na risada na cara dele. E como ia interpretar se não sabia o que estava falando?"

A repercussão da série *Dona Santa* foi tanta que deu origem a outro seriado, também na TV Bandeirantes, *A casa de Irene*, que estreou no dia 19 de setembro de 1983, com direção de Jardel Mello e textos de Geraldo Vietri. Aqui, ela interpreta a dona de uma pensão, a matriarca de uma família italiana durona no jeito de falar e agir, mas com um coração mole que se comove com qualquer problema que envolva seus hóspedes.

Além do elenco fixo formado por Gianfrancesco Guarnieri, Elias Gleizer, Laura Cardoso e outros, a série trazia um artista convidado. Figuras da política, do esporte, da cultura, enfim, personalidades que se destacavam no cenário brasileiro da época carimbavam presença no seriado *A casa de Irene*. O papel de dona de pensão marcou tanto a carreira dela que, anos depois, em 1994, foi convidada para a novela *A viagem*, na TV Globo, em que também fazia o papel de dona de uma pensão, a Dona Cininha.

Depois de *A casa de Irene*, ainda na TV Bandeirantes, ela participou da novela *Maçã do amor*, de Wilson Aguiar Filho, dirigida por Kito Junqueira e supervisionada por Roberto Talma. Nair também marcava presença em programas humorísticos, como *Praça Brasil*. Inspirado no formato do programa *Praça da alegria*, o *Praça Brasil* durou apenas quinze dias, pois Silvio Santos levou todo o elenco e o diretor do seriado para o SBT com o intuito de copiar o mesmo programa, no mesmo formato, mas com outro nome: *A praça é nossa*.

Minha mãe não se deixou levar e continuou na TV Bandeirantes. Ao lado de Ronald Golias e Renata Fronzi, protagonizou a série humorística

Carlos Alberto de Nóbrega e Nair Bello no banco mais famoso da televisão brasileira, em 1990

Bronco até 1990, quando, com Golias, foi para o SBT fazer parte do programa *A escolinha do Golias*. No papel de uma aluna, a *Pazza*, que em italiano significa "louca", contracenava com o aluno Pacífico, interpretado por Golias. O professor era interpretado por Carlos Alberto de Nóbrega, que também comandava o programa *A praça é nossa*, no qual Nair fez algumas participações.

Nair ficou no SBT até 1992. Completando 41 anos de carreira, foi convidada pelo diretor Carlos Lombardi para interpretar a personagem Dona Gema na novela *Perigosas peruas*, na TV Globo. A partir desse trabalho, ela nunca mais deixou a emissora.

Em 1993, perto de completar 62 anos, Nair viveu uma mafiosa poderosa e mal-humorada, a Zilda Machado, na novela *O mapa da mina*, de Cassiano Gabus Mendes.

Como Zilda Machado, em foto publicada no *Diário Catarinense*, 1993

O Cassiano queria tudo bem diferente da Gema, que era uma perua maravilhosa. Eu adorava ela. Era a minha cara, né? Essa agora, a Zilda, é viúva, do tipo matrona... aquelas mammas *que, quando perdem o marido, se vestem de preto. Será que ainda existe gente assim?* (*Revista da TV*, 28 de março de 1993)

No ano seguinte, em 1994, participou da novela *A viagem*, de Ivani Ribeiro, que tratava de espiritismo e reencarnação, no papel de Cininha, dona de uma pensão; um dos hóspedes era Tibério, interpretado por Ary Fontoura. Fez também uma participação especial no episódio

A qualquer preço, do programa *Você decide*, um enorme sucesso da época.

Com o fim de *A viagem*, Nair foi escalada para o programa infantojuvenil *Malhação*, em 1995, mas não ficou por muito tempo.

Em 1996, Carlos Lombardi a convidou para a novela *Vira-lata*. No cinema, o convite veio de dois grandes nomes da arquitetura, Marcio Kogan e Isay Weinfeld, que dirigiram o filme *Fogo e paixão*. O filme tinha no elenco Fernanda Montenegro, Paulo Autran, Tônia Carrero, Regina Casé, Rita Lee, Fernanda Torres, Sérgio Mamberti, Cristina Mutarelli, Carlos Moreno, entre outras estrelas.

Elenco do filme *Fogo e paixão*, 1998. Foto: Nicia Guerriero

Silvio Santos, Nair Bello e Lolita Rodrigues em 1985

Capítulo 11

Saindo de cena

Nair Bello aprendeu com sua família a chorar sozinha, pois a dor e o prazer são coisas muito particulares, e você não consegue dividir isso com ninguém de fora. Se ficar se queixando da sua dor, acaba isolado.

Durante um tempo você recebe a solidariedade das pessoas próximas; depois, todo mundo tem que viver sua própria vida. Aprendi isso quando, em 1980, fiquei viúva do meu primeiro casamento. E minha mãe teve uma certa premonição, ou intuição, sobre o que estava para acontecer. Ela contava que, numa tarde, quando estava trocando de roupa em seu quarto, ouviu uma voz que ficava repetindo: "22 horas, 22 horas". Dias depois, meu marido, Milton Ghiraldini, morria no Hospital São Luiz, em São Paulo, exatamente naquele horário, vítima de um aneurisma cerebral. Depois disso, minha mãe não quis mais morar na casa do bairro Pacaembu, onde vivemos desde que voltamos do Rio de Janeiro, em 1972. Naquela casa ela perdeu um filho e um genro, então decidiu se mudar para um apartamento em Higienópolis, na Rua Itacolomi, onde morou até os últimos dias de sua vida.

Para uma mulher que sempre viveu com alegria e muito bom humor, os momentos de perda e tristeza precisaram ser superados, como tudo tem que ser. Mas a maior perda foi a de meu pai, eterno amigo, amor e companheiro.

No final de 1998, meu pai foi diagnosticado com um câncer avançado no aparelho digestivo. Passou por tratamento de quimioterapia durante alguns meses, mas, em menos de um ano, em 7 de julho de 1999, veio a falecer. Depois que ele se foi, a vida para Nair ficou menos interessante, como ela mesma dizia. Eles tinham muita cumplicidade e ele era o seu fã número 1. Era muito bonito o amor deles. No quadro *Arquivo confidencial* do programa *Domingão do Faustão*, na TV Globo, dedicado à minha mãe, ele fez uma linda declaração de amor.

Minha mãe ficou imensamente abalada com a morte de meu pai e, com todas as forças, mais uma vez mergulhou no trabalho. Agora, o convite era para voltar a interpretar a Santinha, só que ao lado de Rogério Cardoso como Epitáfio, outro grande parceiro dela. O quadro era um esquete do humorístico *Zorra total*. A adaptação inicial dos textos originais foi feita por Ricardo Corte Real, filho do criador do quadro, Renato Corte Real, e por José Bello Souza Francisco, meu irmão. A dupla Santinha e Epitáfio ficou no ar até 2003, quando Rogério Cardoso faleceu. Foram quatro anos de muita alegria e risadas. Mais uma vez, a Santinha, 40 anos depois, corria atrás do Epitáfio com seu tamanco.

No ano 2000, foi convidada para dublar uma personagem da Disney no desenho animado *Dinossauro*, ao lado de Hebe Camargo, Malu Mader e Fábio Assunção. Ela interpretava a rabugenta e mal-humorada estiracossauro Eema, e a Hebe, a sofisticada e elegante braquiossauro Baylene. Mais um sucesso. Minha mãe estava com 69 anos e a Hebe com 71, mas pareciam duas crianças pela maneira como se divertiam. Brincando com a idade, minha mãe comentava: "Eu ainda confundo os 50 milhões de anos

Com Rogério Cardoso em matéria de jornal, 2006

COMPANHEIROS
Nair Bello e Rogério Cardoso também se divertem interpretando o casal Santinha e Epitáfio no Zorra Total

deles com os meus 50 anos de carreira". Quando fez 70 anos, ela chegou a comentar: "Acabei de fazer 70 anos no mês passado. Até os 69 eu não ficava braba. A merda é que agora eu devo ter entrado na quarta idade!"

Nessa época, ela também realizou um sonho: o de conhecer a Itália e o lugar de origem de sua família. Regina Casé disse certa vez num programa no qual atuaram juntas: "Você é uma italiana *fake* (falsa), nem conhece a Itália". E era verdade; ela só foi conhecer o país de seus antepassados em 2001, de onde tirou todos os trejeitos e sotaques, quando Faustão organizou uma viagem para a Itália em que fomos minha mãe e eu.

Com Fausto Silva e Tom Cavalcante, 2000

Minha irmã, que é casada com um suíço e mora há 18 anos na Suíça, na cidade de Zug, foi conosco até Varese, no norte da Itália, onde Enzo, um italiano amigo do Faustão, nos aguardava. Visitamos todos os pontos turísticos de cada cidade – Varese, Milão, Bréscia, Verona, Pádua, Veneza, Ferrara, Bolonha, Florença, Montecatini Terme, Lucca, Pisa,

San Gimignano, Siena, Viterbo e Roma – e conhecemos restaurantes incríveis! Minha mãe aproveitou cada instante da viagem à Itália, principalmente na cidade de Ferrara, de onde vieram seus antepassados. Em Lucca, fez questão de tirar uma foto e enviar para o diretor e autor Carlos Lombardi – seus ascendentes são dessa cidade da região da Toscana.

Chegamos a Roma no dia do aniversário dela, 28 de abril. Minha irmã pegou um avião e veio nos encontrar para comemorarmos juntas. Depois da morte de meu pai, minha mãe quase não saía. O único lugar de que ela gostava de ir era a casa do Faustão, onde toda semana ele reunia os amigos para uma pizza.

De volta ao trabalho, ela fez, além da Santinha do *Zorra total*, a Marquesa Giovana di Pesto da minissérie *O quinto dos infernos*, de Carlos Lombardi, em 2002.

Com a morte de Rogério Cardoso em 2003, o quadro *Epitáfio e Santinha* deixou o *Zorra total* e ela continuou contratada da TV Globo, atuando em diversos programas. Fez a novela *Kubanacan*, também de Carlos Lombardi, com direção de Wolf Maya e Roberto Talma, e participou dos seriados *A grande família* e *Sai de baixo*, que fizeram história na televisão brasileira. Em *A grande família*, no episódio *Um táxi chamado desejo*, Nair fez o papel de uma coroa que pega o táxi do Agostinho (Pedro Cardoso) e o xaveca, comprando para ele um monte de presentes e emprestando dinheiro para conquistá-lo.

No programa *Sai de baixo*, fez uma antiga namorada do Vavá (Luis Gustavo). Em 2005, participou de sua última novela, *Bang Bang*, também de Carlos Lombardi. No ano seguinte, foi escalada para a novela *Pé na jaca*, da TV Globo, mas só gravou o primeiro capítulo, sendo posteriormente substituída pela atriz Arlete Sales.

Em cena da novela *Bang Bang*, em que contracenou com Ney Latorraca

Gravou o primeiro capítulo numa sexta-feira, dia 10 de novembro. No sábado, dia 11 de novembro, pela manhã, foi a um salão de cabeleireiro no bairro Higienópolis, perto de sua residência, fazer o cabelo e as unhas e se preparar para a festa de estreia da novela no domingo. A cabeleireira que a atendia conta que, quando chegou ao salão, minha mãe já havia reclamado de cansaço, mas, como era muito brincalhona, não levou a sério. Enquanto estava sendo penteada, tombou a cabeça e passou a não se mexer. Era uma parada cardiorrespiratória. Logo fomos avisados. Quando cheguei com minha filha Mariana, o Corpo de Bombeiros já estava no local prestando os primeiros socorros, tentando reanimá-la, mas sem sucesso. Levada às pressas para a Santa Casa, o hospital mais próximo, acabou transferida para o Hospital Sírio-Libanês, onde ficou internada em coma, com poucos momentos de leve consciência durante cinco meses.

Para mim e meus irmãos, foi um momento muito doloroso. Íamos ao hospital duas vezes por dia para visitá-la. Ela chegou a passar alguns dias na

Unidade Semi-Intensiva, mas, na maior parte do tempo, permaneceu na UTI.

Depois da primeira parada cardiorrespiratória que teve no salão, sofreu outras cinco quando estava hospitalizada, sendo a última delas fatal. Depois de todo esse sofrimento para ela e para nós, achamos que foi melhor ter partido.

Nair Bello faleceu no dia 17 de abril de 2007 e está sepultada no túmulo da nossa família, no cemitério do Araçá, na Av. Dr. Arnaldo, em São Paulo.

O velório foi realizado na Assembleia Legislativa de São Paulo; meu irmão teve a ideia de colocar uma foto grande dela sorrindo ao lado do caixão. Parece que é muito comum em velórios americanos; proporcionou um alto-astral num momento muito triste, e ela deve ter adorado.

Além dos amigos, foi emocionante ver muitas pessoas simples, que vieram de longe prestar sua última homenagem a Nair Bello. Algumas trouxeram buquê de flores, vasinhos e santinhos. Muito lindo ver como ela era querida.

Dei algumas entrevistas e dizia sempre a mesma coisa: "Eu quero agradecer do fundo do coração, em nome da minha família, a todas as pessoas que rezaram, torceram e sentiram sua perda. Onde ela estiver, deve ter sentido essa energia maravilhosa. Ela sempre dizia que, sem os fãs, jamais poderia exercer o seu trabalho. Muito obrigada".

Agradeço ao meu pai, porque este livro não poderia ter sido escrito sem a disposição dele em arquivar todas as fotos, com local e data, recortes de jornais e revistas com matérias, entrevistas e muitas fitas VHS. Ele gravava todas as participações televisivas dela.

Tenho certeza de que, sem o amor, a admiração e a cumplicidade dele, minha mãe não seria a pessoa admirável, bem-sucedida e realizada que foi.

Nair em 1962, no Rio de Janeiro

Capítulo 12

Nair Bello por...

... Wolf Maya

Nair Bello foi uma personalidade muito especial na vida de todos com quem ela cruzou, e comigo não foi diferente. Conheci a Nair na montagem da novela *A viagem*, e tínhamos muitas coisas em comum. Além de sermos espíritas, possuíamos também uma relação muito afetuosa com a Ivani Ribeiro, que era nossa amiga, e outra muito particular com todo o elenco. A Nair era uma pessoa que unia qualquer família, grupo de profissionais ou amigos com quem se envolvesse. E isso foi muito importante para o sucesso da novela, que tinha uma temática delicada. Ela fazia uma personagem muito bem-humorada e a gente contou muito com essa força, com a presença e a união que ela provocava em torno de si e do projeto. A partir daí, ficamos amigos e nunca mais nos afastamos.

Construir teatros sempre esteve nos meus planos. O primeiro foi o do Planetário da Gávea, no Rio de Janeiro. Depois fiz o *Café Pequeno*, o *Teatro Nair Bello*, em São Paulo, e recentemente criei o *Teatro Nathalia Timberg*, no Rio. Mas o meu primeiro teatro construído do zero foi em São Paulo, no Shopping Frei Caneca. Fizemos uma parceria com a família do shopping. Naquela época, a Nair me falava que eu devia investir em um teatro em São Paulo, e não no Rio de Janeiro. Então, ela foi uma grande incentivadora na minha vida e na minha atividade teatral. Para a construção do teatro em São Paulo, eu sempre tive esse recado da Nair em mente. Depois disso, nada mais justo do que batizá-lo com o nome *Teatro Nair Bello*. E aconteceu também que, naquele momento, a Nair faleceu, então foi uma homenagem ainda maior a toda a trajetória dela, eternizando-a através do nome de um teatro na cidade de São Paulo, que ela tanto amava e onde viveu a maior parte da vida.

Em vários momentos ela foi presença marcante. Além da criação do teatro e também a minha parceria com a Nair Bello em diversos projetos, fizemos um seriado juntos. Na verdade, realizamos muitos projetos dentro da TV Globo. Eu tinha uma relação com a Nair, de certa forma, familiar. Aliás, a Nair promovia isso nas pessoas. Ela não tinha amigos, ela tinha família. Ela fazia de todo o grande elenco e de todos os parceiros, os membros de uma só família. Tinha essa característica deliciosa e rara nos profissionais, que é a generosidade. Ela dividia, ela trazia você para perto dela de uma forma inacreditável! Então, ficamos parentes.

Ninguém dizia um palavrão tão gostoso como a Nair, apesar de ela não gostar de falar baixarias. Era uma mulher completamente família. Mas ela tinha um tom de comédia que, talvez, eu tenha encontrado em poucos comediantes na minha vida. Dercy Gonçalves foi a nossa precursora e, depois dela, só me vem Nair à cabeça. Ela fazia comédia com o tônus da comediante; aplicava o jeito, a voz, o estilo dela e fazia uma graça deliciosa. Além de ter aquele sorriso nos olhos, que sempre nos tornava cúmplices. Ela ria com os próprios olhos daquilo que estava fazendo rir e isso dava a ela uma característica muito especial de intimidade com o público. Acho que é por isso que o público a amou tanto e por isso que ela se tornou uma personagem inesquecível.

Fiquei muito feliz agora quando assisti ao musical *Hebe* e vi que a Nair e a Hebe, que eram grandes amigas, junto com a Lolita, estão retratadas no musical. A atriz que interpreta a Nair é muito boa e muito divertida. Assistindo ao musical, pude matar a saudade da minha amada amiga Nair Bello. Então, acho que são essas pessoas que passam pela nossa vida e a tornam maior, mais inesquecível, mais agradável. E a gente mantém essas pessoas dentro da nossa memória, vivas, como se elas estivessem aqui na nossa orelha, diante dos nossos olhos. E tem coisas nas quais eu vejo a Nair a toda hora. Então, esse humor, esse jeito particular e essa personalidade única fizeram dela uma mulher inesquecível na minha história.

... Carlos Lombardi

Enterrei minhas duas atrizes preferidas: Nair Bello e Betty Lago. Com a Betty, nós fomos aprendendo a conviver com a ideia de perdê-la, porque ela estava doente. Com a Nair, foi um susto. Ela estava escalada para fazer a novela *Pé na jaca*, que eu estava implantando, mas gravou somente uma cena de um capítulo. Não esperávamos o que aconteceu.

A Nair cumpriu sua missão. Vi de perto a saudade que ela sentia do Irineu, falecido algum tempo antes.

Nair lia meus textos muito bem. Minha maior influência foi o Vietri e seus textos, nos quais drama e comédia se misturavam. Conheci a Nair e passei a admirar o trabalho dela por causa dele. Era uma atriz que sabia fazer transição do drama para a comédia. Gosto dos personagens que passam por situações de dor e humor. Eu sempre digo que ela fazia humor inglês com sotaque italiano.

Era uma atriz de comédia, e não de farsa. É bem diferente. E ela também era muito crítica como atriz; tinha um lado emocional muito forte. Bastante disciplinada, sempre chegava com o texto pronto. Mas não gostava muito de gravar cenas externas.

Uma vez, na novela *Vira-lata*, eu tinha que gravar algumas cenas no exterior e escolher a locação; lembrei que a Nair adorava jogar, então criei a cena em Las Vegas, com ela e Gloria Menezes, no deserto, bem ao estilo *Thelma & Louise*. Ficou tão feliz que dizia para o Irineu que tinha máquina caça-níquel até no corredor do quarto.

Em 1992, chamei a Nair para fazer *Perigosas peruas* e a trouxe de volta para a TV Globo. A partir desse trabalho seguimos fazendo muitos outros, até o último, *Pé na jaca* (2007). Além de *Vira-lata* (1996), incluem-se nessa lista: *Uga Uga* (2000-2001), a série *Quinto dos infernos* (2002) e *Kubanacan* (2003), todos grandes sucessos.

Uma lembrança muito carinhosa que tenho é da Nair jantando com minha família e dando comida na boca do meu filho, que tinha uns 5 anos na época. Mas também não posso deixar de contar um fato engraçado. Estávamos no velório do Cassiano Gabus Mendes. Todo mundo muito triste. A Nair chegou, começamos a contar histórias do Cassiano, lembrar situações com ele e, de repente, estávamos rindo muito. Foi um velório bem divertido.

Em nosso último trabalho juntos, *Pé na jaca*, Nair Bello gravou praticamente uma única cena. Ficou doente no dia seguinte. Atriz a gente arruma; amiga, é difícil. A parte boa é que não foi um processo demorado. E quer saber? Nair cumpriu a jornada dela; viveu setenta e tantos anos muito bem vividos. Com senso de humor, coragem e sem um pingo de vergonha de ser palhaça.

Foi um privilégio conhecer a Nair Bello. E foi um privilégio maior ainda tê-la falando meus textos.

... Nilton Travesso

Nair Bello foi uma das maiores garotas-propaganda da época – do início da televisão no Brasil, quando os comerciais eram ao vivo. As garotas- -propaganda eram celebridades. Eram mais importantes e valorizadas que a Cleyde Yáconis.

Era por volta de 1953. A Nair tinha uma beleza estonteante, muito forte. Um dia ela me procurou dizendo que estava muito preocupada com seu sotaque italiano; queria procurar uma fonoaudióloga ou alguém que a ajudasse. Eu disse: "Nunca perca seu sotaque, faça de você o que você é". Renato Corte Real se apaixonou por aquele sotaque e criou a Santinha, personagem do começo de sua carreira de atriz – quando ela saiu da propaganda – que a acompanhou durante toda a vida. Mas Pagano Sobrinho foi muito mais importante que o Renato na carreira dela. Pagano alimentava toda a criatividade de Nair. Foi Pagano quem abriu o caminho para ela.

Renato, depois que criou a Santinha, percebeu que a Nair era mais do que uma "escada" para ele; viu o potencial dela como atriz. Fizeram um sucesso enorme durante muitos anos. Naquela época, o humor era inocente, sem sacanagem, sem bunda, sem violência. Era um humor inteligente. E nós não trabalhávamos com a forma, trabalhávamos com emoção, com alma. Nair era muito emocional e levava todo mundo à sua volta a acompanhar suas emoções. Até quando o filho dela morreu, todos a acompanharam naquela dor. Era ela quem dava força para todos nós. Ela era uma "coisa de Deus".

Nair era tão emocional que até no álbum de figurinha de artistas que existia naquela época ela queria ser a figurinha carimbada. Nós ríamos muito. Ela era a felicidade em pessoa. E o Souza (Irineu) soube ser um grande marido. Era um *gentleman* e estava sempre ao lado dela apoiando os trabalhos, aquietando o seu temperamento forte. Porque ela não era fácil. Era uma mulher difícil. Quando o público não ria, ela ficava brava, saía falando palavrão e carregava para casa essa frustração. Para ela, era muito importante ter o reconhecimento do público, dos colegas e da imprensa, a ponto de ficar deprimida quando sua expectativa não era atendida. Mas Souza administrava bem a situação.

Nair Bello era cria da televisão, não do cinema, nem da rádio, nem do teatro. Fica para a história como uma das maiores comediantes do país. E temos de reverenciar a TV Globo, que foi muito fiel e muito justa com a Nair, dando muita força para ela. Eu a dirigi em vários programas na TV Record e acompanhei sua carreira até o fim da vida.

Eu acho que a Nair Bello mostrou o que é trabalhar com emoção. Ela foi tão importante que marcou em nossa memória a grande humorista que era. Foi o amor de todos quando fundamos e inauguramos a TV Record.

Durante anos e anos estivemos juntos, e durante anos e anos vivemos com a emoção dela. Ela nos proporcionou a sua boa alma, um coração do qual jamais vamos esquecer.

... Marcos Caruso

Tive momentos com a Nair que marcaram muito minha vida. Eu tinha 23 anos quando trabalhamos juntos na peça *Allegro desbum*, do Vianinha. Era a primeira vez que ela fazia teatro. A gente ensaiava à tarde, numa sala em cima do teatro Maria Della Costa, em São Paulo. Ela chegava superanimada e contagiava todo mundo. Era a alegria em pessoa. A cada meia hora ela pedia para ir ao banheiro. O ensaio era das 14h às 18h. Começamos a estranhar. O Zé Renato (dramaturgo, ator e diretor Renato José Pécora) viu que alguma coisa estava errada com ela. Nós não sabíamos que ela tinha acabado de perder um filho num acidente de carro. Ela nunca comentou nada e nós nunca notamos nenhuma tristeza nela. Somente depois da estreia o Zé Renato nos contou: ela ia ao banheiro para chorar e nós nunca percebemos. E, mesmo durante esse processo doloroso, a peça, que era uma comédia, foi um sucesso. Foi um desafio para ela ter que sair daquele estado de perda e tristeza para interpretar uma comédia. Ela foi um exemplo de superação. Nunca mais contracenei com ela, mas ficamos amigos até o final de sua vida.

Cinco anos depois, em 1980, eu estava mal, sem emprego havia quatro meses. No quinto mês, sentei para escrever e criei uma personagem inspirada na Nair, feita para ela. Eu escrevia *Trair e coçar é só começar* ouvindo a voz da Nair, seu sotaque, seu estilo. E surgiu a Olímpia, personagem principal dessa comédia. Imaginei-a para a Nair. Quando terminei de escrever, fui até a casa dela e deixei a peça para ela ler. Eu disse: "Nair, o papel principal é seu". Passaram alguns dias e nada, nenhuma resposta. Ela não leu a peça. Disse que não queria fazer teatro, queria remontar o *Allegro desbum*. Seis anos depois a peça estreou, foi um sucesso e está em cartaz há muitos anos.

Em 1992, escrevi *Porca miséria*, que ficou seis anos em cartaz. Eu escrevia na casa da Jandira Martini, atriz e autora, e mais uma vez tinha um papel para a Nair. Dessa vez fui até a casa dela, toquei a campainha e, quando ela abriu, eu me ajoelhei na porta com a peça na mão e implorei para ela ler e conhecer o papel que era dela, que era todo o universo dela. Ela começou a rir, pediu que eu me levantasse e, mais uma vez, recusou. Novamente, queria refazer *Allegro desbum*. Eu insisti e ainda a convidei para uma leitura, para ela participar como ouvinte. Outra vez, recusou. Eu disse: "Pedro negou Cristo três vezes, eu não vou deixar você me negar mais nenhuma vez". Rimos muito e ela acabou indo assistir *Porca miséria* com a Hebe. Esse convite a Nair nunca contou para ninguém, nem mesmo para o Irineu ou para os filhos. Acho que ela tinha um pouco de receio de teatro. Ou talvez estivesse muito comprometida com a TV. Sem tempo. Até hoje não entendo por que ela recusou.

Na época do *Allegro desbum*, contei um segredo para ela. "Preciso te falar uma coisa. Quando eu tinha 12 anos e a TV Record estava no auge com a *Jovem Guarda*, *Família Trapo*, Blota e Sonia Ribeiro, eu já queria ser artista. Antes de dormir, eu pedia a Deus: "Proteja meu pai, minhas tias (porque eu não tinha mãe) e que um dia eu possa fazer parte da família Record".

Meu sonho era conhecer a Hebe, e eu queria que a Nair a apresentasse para mim. Um dia, depois de uma apresentação do *Allegro desbum*, ela me convidou para jantar. Eu e a Jussara Freire, que era minha mulher. Ela disse: "Passo aí pra te pegar". Irineu dirigia. Eu não tinha ideia aonde estávamos indo. Avançávamos por ruas de um bairro residencial. Não havia nenhum restaurante, não estava entendendo nada. O Irineu parou na porta de uma casa e, quando descemos do carro, descobri que era a casa da Hebe e era seu aniversário. Eu desabei de tanta emoção. A Nair era assim, um coração enorme. Esse coração que realizou o sonho de um rapaz de 23 anos.

Nair Bello aos 15 anos, em 1946

Capítulo 13

Uma vida dedicada ao riso

1931

Nair nasce no dia 28 de abril, em São Paulo, filha de José Bello e
Thereza Rinaldi Bello.

1949

Participa de um teste para locutora e atriz na Rádio Excelsior (PRG-9)
e é aprovada pelo diretor Farid Riskalla.

1951

Convidada por Osmano Cardoso, vai para a Rádio Record e atua
como locutora e radioatriz.

•

Participa do concurso Miss Objetiva, da Rádio Record, ao lado de
Hebe Camargo e Lolita Rodrigues. Tem início a estreita
amizade das três até o fim da vida.

1951

Estreia no cinema em *Liana, a pecadora*, de Antonio Tibiriçá,
contracenando com Hebe Camargo e Márcia Real.

•

Conhece o radialista Irineu Souza Francisco, seu futuro marido.

1952

Atua como locutora e radioatriz na Rádio Record.

•

Participa do filme *Simão, o caolho,* sob direção de Alberto Cavalcanti
e produzido pela Companhia Cinematográfica Maristela. O filme foi
vencedor do prêmio de melhor diretor da Associação Brasileira de
Cronistas Cinematográficos e ganhou o Prêmio Saci de melhor diretor.
Nair Bello fez o papel de uma moça que vendia cigarros numa boate.

1953

Atua como locutora e radioatriz na Rádio Record.

•

Casa-se com o radialista e publicitário Irineu Souza Francisco
em 8 de novembro.

1954

Deixa a Rádio Record e muda-se para a cidade de Santos, litoral de
São Paulo, acompanhando o marido na Rádio Cultura de
São Vicente. Ele como repórter, e ela como locutora e
garota-propaganda do programa *Maior.*

•

Em 11 de outubro nasce o primeiro filho, José Bello Souza Francisco.

1955

Nasce o segundo filho, Manoel Francisco Neto, também em 11 de outubro.

1956

Volta a morar em São Paulo. O marido, Irineu Souza Francisco,
vai para a Rádio Bandeirantes como repórter político.

•

Nasce a filha Maria Aparecida Souza Francisco em
20 de dezembro.

1957

Irineu volta para a Rádio Record como locutor e repórter.

1958

Nair Bello começa a atuar em televisão depois de ficar alguns anos fora da
rádio. "Na TV Record, fiz minhas primeiras atuações como atriz caricata
ao lado de Pagano Sobrinho". (Jornal *A Noite*, 3 de abril de 1964)

1959

Nasce a personagem Santinha, criada por Renato Corte Real para o
programa humorístico *Grande show União*, da TV Record. A dupla
Epitáfio e Santinha ficou quatro anos no ar.

•

Participa do programa *A Turma do sete*, direcionado ao público infantil.

•

Ganha o título de Princesa da AFEU, entidade que congregava todos os componentes das Emissoras Unidas.

1960

Trabalha como atriz em vários programas do Canal 7: *Grande show União*, com o quadro *Epitáfio e Santinha*; *Papai, mamãe e eu*, seriado de Ciro Bassini com direção de Nilton Travesso; *Astros do disco*; *Cazuza e Zuzuca*; *Escolinha de morte*.
(Jornal *Gazeta Esportiva*, 20 de março de 1960)

•

Irineu Souza Francisco compõe a paródia da música "Lacinhos cor-de-rosa", sucesso na voz de Celly Campello – "Polenta com Linguiça" é composta em homenagem a Nair Bello.

•

Participa de um quadro no programa *Chico Anysio Show*, contracenando com Chico Anysio em um diálogo como um casal de nordestinos em Copacabana.

•

Participa como atriz coadjuvante no seriado infantil *A Turma do sete*, na TV Record. O seriado recebeu quatro prêmios Roquette Pinto como melhor programa infantil.

1961

O quadro *Santinha e Epitáfio* passa a ser exibido também no programa humorístico *O riso é o limite*, da TV Rio. Nair Bello e Renato Corte Real ganham o Troféu Roquette Pinto.
(Revista *TV Repórter*, 16 de janeiro de 1961)

1962

Participa do filme *Os apavorados* com Oscarito, uma comédia com direção de Osmar Porto.

•

Uma marchinha de carnaval é criada com base na personagem Santinha.
(Revista *7 dias na TV*, 15 de janeiro de 1962)

•

Ganha o segundo Troféu Roquette Pinto ao lado de Renato Corte Real como os melhores da TV.

•

Muda-se com a família para o Rio de Janeiro, trocando a TV Record pela TV Rio. Participa do programa *O riso é o limite*, embora o quadro *Epitáfio e Santinha* continue sendo exibido na TV Record.

1963

Ganha o terceiro Troféu Roquette Pinto como melhor comediante feminina do ano em televisão.
(Jornal *Folha de S.Paulo*, 9 de março de 1963)

1964

Com o fim do programa *O riso é o limite*, a dupla Epitáfio e Santinha passa a ser um quadro do programa *Noites cariocas*, da TV Rio.

•

Na TV Record, interpreta a personagem cômica Viscondessa de Monte Vexame, um papel que ela considerava marcante em sua carreira.
(Jornal *A Noite*, 3 de abril de 1964)

•

Participa da novela *O desconhecido*, de Nelson Rodrigues, produzida pela TV Rio (julho e agosto), também exibida pela TV Record (agosto e setembro). Foi dirigida por Sérgio Britto e Fernando Torres.
(*Revista do Rádio*, 8 de agosto de 1964)

1966

Participa de vários humorísticos no Canal 2, TV Excelsior, do Rio de Janeiro.

•

Apresenta um telejornal na TV Excelsior chamado *Minijornal*. Os apresentadores são Nair Bello e Cid Moreira. Ele dá a notícia seriamente, e ela faz piada com base na notícia.

1967

Dois dias antes do décimo quarto aniversário de seu casamento, no dia 6 de novembro, nasce a filha Ana Paula Souza Francisco, no Rio de Janeiro.

1968 a 1970

Dedica-se integralmente à família.

1971

Participa do filme *Tô na tua, ô bicho*, comédia baseada numa história de Jaime Filho, filmada no Rio de Janeiro. Com direção de Raul Araújo, Nair faz o papel de Alice, personagem de destaque no enredo.

•

Participa do programa *Café sem concerto*, na TV Tupi.

1972

É jurada do programa *Flávio Cavalcanti*.

1974

Muda-se com a família para São Paulo acompanhando o marido Irineu Souza Francisco, contratado para dirigir a agência de publicidade Norton.

1975

Morre, em um acidente de carro, seu filho Manoel Francisco Neto.

1976

Estreia no teatro com a peça *Allegro desbum*, de Oduvaldo Vianna Filho.

•

Estreia em novela com *Sossega leão*, na TV Tupi, no papel de Conchetta, telefonista de um hotel cinco estrelas e irmã do protagonista. Direção de Antonino Seabra.

•

Apresenta os programas *Deu a louca no show* e *Balança, mas não cai* na TV Tupi. (Jornal *Última Hora*, março de 1976)

1977

A peça *Allegro desbum* continua em cartaz, viajando por todo o país.

1978

É convidada por Geraldo Vietri para interpretar uma mãe italiana na novela *João Brasileiro, o bom baiano*, na TV Tupi. Dona Pina é sua primeira personagem dramática. No enredo, o jornalista baiano João Brasileiro deixa sua terra natal e o casamento e parte para São Paulo, trocando uma vida estável por um quartinho na pensão de Dona Pina, uma descendente de italianos com dois filhos e seus pensionistas.

•

Ao lado de Consuelo Leandro, apresenta um programa matutino na Rádio Mulher, *Dose dupla*, uma revista com assuntos do dia a dia.

1980

Participa da sua primeira novela na TV Globo, *Olhai os lírios do campo*, de Geraldo Vietri e Wilson Rocha, baseada no romance de Érico Veríssimo, com direção de Herval Rossano. A novela também fez muito sucesso em Portugal.

1981

Geraldo Vietri cria o seriado *Dona Santa* para a TV Bandeirantes e convida Nair Bello para viver o papel principal, uma mulher italiana que, para sobreviver e sustentar a família, passa a dirigir o táxi do marido falecido.

1982

O seriado *Dona Santa* se consagra como um grande sucesso na TV Bandeirantes.

•

Com *Dona Santa* ganha o Troféu Imprensa, do SBT, como Melhor Humorista Feminina, entregue por Silvio Santos. O seriado também foi sucesso em Portugal.

•

Participa do filme *Das tripas coração*, com enredo e direção de Ana Carolina, interpretando uma inspetora escolar; contracena ao lado de Myriam Muniz, sua chefe na película. O filme foi vencedor do Festival de Gramado de 1983, nas categorias Melhor Direção e Melhor Montagem.

•

Assina a coluna *A Fala da Santa* no jornal *Notícias Populares*.

1983

É protagonista do seriado *A casa de Irene*, da TV Bandeirantes, com roteiro de Geraldo Vietri e direção de Jardel Mello. Nair vive o papel de Irene, dona de uma pensão típica do bairro italiano Bixiga, em São Paulo, e matriarca de uma família italiana.

•

Participa da novela *Maçã do amor*, de Wilson Aguiar Filho, dirigida por Kito Junqueira e supervisionada por Roberto Talma, na TV Bandeirantes.

•

Recebe a *Ordem do Mérito do Ipiranga*, no Palácio do Governo, em São Paulo.

1985

É convidada por Hector Babenco para fazer *O Beijo da mulher-aranha*, mas recusa.

1987

Participa do programa humorístico *Praça Brasil*, inspirado no formato do programa *Praça da alegria*.

•

Ao lado de Ronald Golias e Renata Fronzi, protagoniza a série humorística *Bronco*, na TV Bandeirantes.

1990

Participa da *Escolinha do Golias* ao lado de Ronald Golias, no SBT, fazendo parte do elenco até 1992.

•

Participa do programa *A Praça é nossa*, do SBT.

1992

A convite do diretor Carlos Lombardi, faz a personagem Dona Gema na novela *Perigosas peruas*. Dona Gema é uma mãe superprotetora. Ela tem um bordão para falar com o filho Belo, interpretado por Mário Gomes, que caiu no gosto popular: "Sórrr da minha praia".

1993

Participa da novela *Mapa da mina,* na TV Globo, escrita por Cassiano Gabus Mendes. Nair interpreta Zilda Machado, uma mulher mal-humorada, forte, ambiciosa, um pouco mau-caráter até com seus filhos Joe (Pedro Paulo Rangel), Tony (Luis Gustavo) e Wanda (Malu Mader). Um pastelão que tem como ponto de partida uma desabalada corrida em busca de um mapa tatuado no traseiro de uma noviça.

1994

Participa da novela *A viagem*, de Ivani Ribeiro, que trata de espiritismo e reencarnação. Nair faz o papel de Cininha, dona de uma pensão que tem Tibério como um dos hóspedes, interpretado por Ary Fontoura.

•

Participa do programa *Você decide*, na TV Globo, no episódio *A qualquer preço.*

1995

Participa do seriado infantojuvenil *Malhação*, na TV Globo.

•

Recebe o título de Rainha dos Gays.

Coroação como *Rainha dos Gays*, 1995. Foto: Petrônio

1996

Participa da novela *Vira-lata*, de Carlos Lombardi.

1997

Participa do seriado *Sai de baixo*, grande sucesso na época, como namorada do Vavá, personagem de Luis Gustavo, no episódio *Odara ou desce*.

1998

Participa da novela *Era uma vez*, de Walter Negrão, na TV Globo.

•

Faz uma participação especial na novela *Torre de Babel*, da TV Globo, como Carlotinha Bimbatti, uma *socialite*.

1998

Participa do filme *Fogo e paixão*, uma comédia *nonsense* dirigida por dois grandes nomes da arquitetura, Márcio Kogan e Isay Weinfeld. No elenco, Fernanda Montenegro, Paulo Autran, Tônia Carrero, Regina Casé, Rita Lee, Fernanda Torres, Sérgio Mamberti, Cristina Mutarelli, Carlos Moreno, entre outros.

1999

Morre Irineu Souza Francisco, seu marido, no dia 8 de julho, aos 69 anos de idade.

•

Volta a interpretar a personagem Santinha no programa *Zorra total*, da TV Globo, ao lado de Rogério Cardoso, que faz o Epitáfio. O quadro *Santinha e Epitáfio* permaneceu no *Zorra total* até 2003.

2000

Participa da novela *Uga Uga*, de Carlos Lombardi, com direção do núcleo de Wolf Maya, na TV Globo.

•

Dubla a estiracossauro Emma do desenho animado *Dinossauro*, da Disney.

2001

Participa do programa *Altas horas*, apresentado por Serginho Groisman.

Homenagem no programa *Altas horas*

2002

Participa da minissérie *O quinto dos infernos*, de Carlos Lombardi, na TV Globo, no papel da Marquesa Giovana di Pesto.

2003

Participa da novela *Kubanacan*, na TV Globo, escrita por Carlos Lombardi e dirigida por Wolf Maya e Roberto Talma.

•

A dupla Santinha e Epitáfio continua como um esquete no *Zorra total* até a morte de seu parceiro Rogério Cardoso, em 24 de julho de 2003, encerrando a carreira do quadro no *Zorra total*.

2004

Participa do seriado *A grande família*, na TV Globo, no episódio
Um táxi chamado desejo.

2005

Participa de sua última novela na TV Globo, *Bang Bang*,
de Carlos Lombardi.

2006

Em outubro, afasta-se das atividades profissionais para uma cirurgia
de retirada de tumor maligno em um dos seios.

•

No dia 11 de novembro, Nair passa mal em um salão de beleza perto
de sua casa. É encaminhada para a Santa Casa e de lá para o
Hospital Sírio-Libanês, em São Paulo, onde permaneceu
em coma por cinco meses.

2007

Falece no dia 17 de abril, aos 75 anos de idade. O amigo e diretor
Wolf Maya batiza seu teatro, no bairro Cerqueira César, em São Paulo,
com o nome "Nair Bello".

Agradecimentos

Nilton Travesso

Marcos Caruso

Carlos Lombardi

Wolf Maia

Jô Soares

Ney Latorraca

Serginho Groisman

João Francisco Prado

Marcelo Pallotta

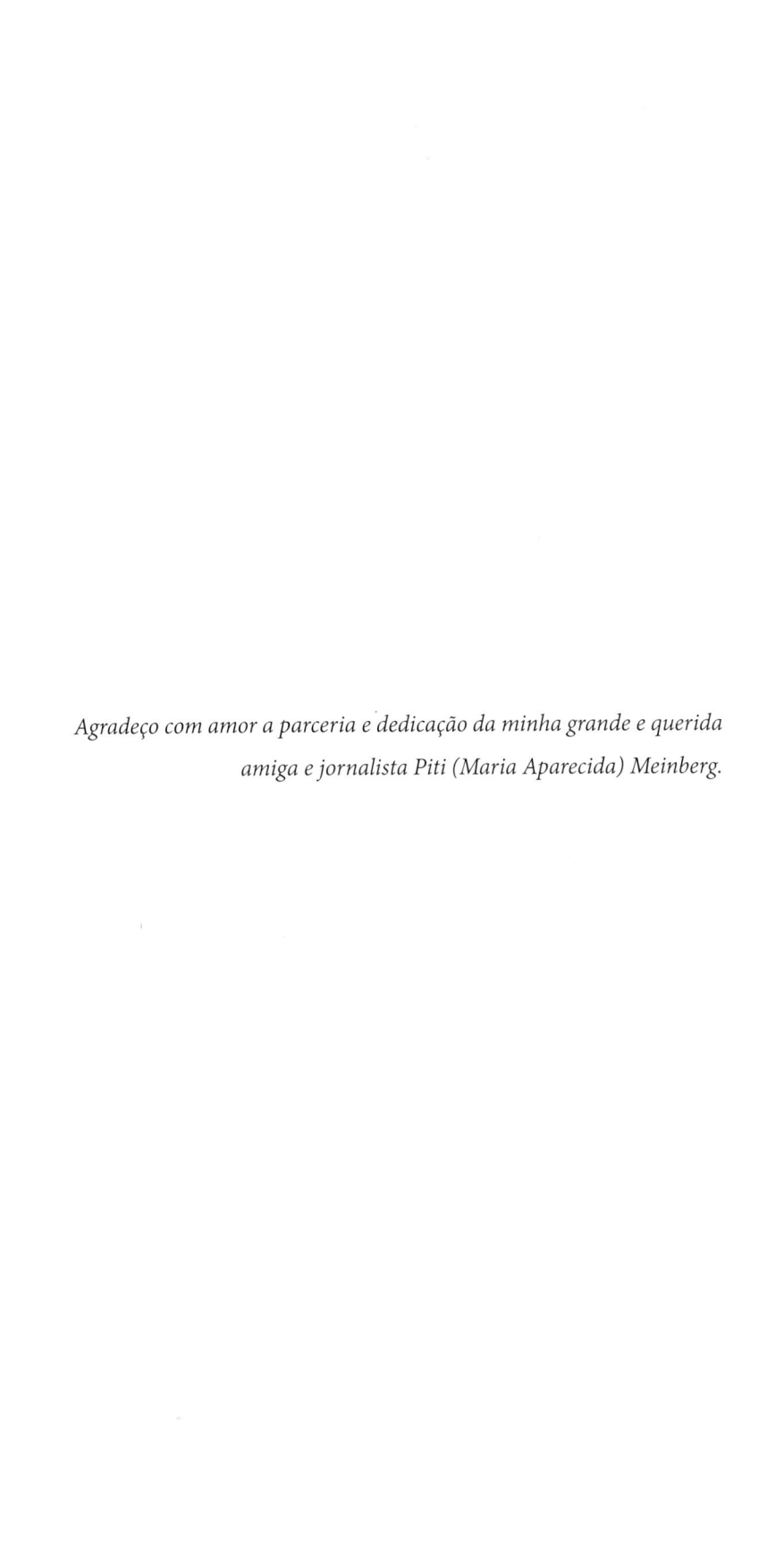

*Agradeço com amor a parceria e dedicação da minha grande e querida
amiga e jornalista Piti (Maria Aparecida) Meinberg.*

MATRIX